"Publique este trabalho como está... Quem o ler compreenderá."
Papa Pio XII,
26 de fevereiro de 1948

As revelações místicas recebem a Sanção da igreja quando se julga que correspondem à doutrina e morais Católicos. Uma Sanção é Latim para "dar que se imprima». Estas revelações estão destinadas a preencher as fendas deixadas na Bíblia devido à censura durante a fase inicial da Fé Cristã e também devido a erros de tradução. Revelam as coisas que aconteceram como aconteceram. Não se destinam a substituir a Bíblia.

O Cheio de Graça:
Os Primeiros Anos.
O Mérito.
A Paixão De José.
O Anjo Azul.
A Irmandade De Jesus.

Siga-me:
Tesouro Com 7 Nomes
Onde Há Espinhos, Também Haverá Rosas
Para O Amor Que Persevera
O Colégio Apostólico
O Decálogo

As Crónicas de Jesus & Judas Iscariotes:
Eu Vejo-O Como É
Aqueles Que Estão Marcados
Jesus Chora

Lázaro:
Que Bela Loira
Flores Do Bem

Claudia Procula:
Você Ama O Nazareno?
O Capricho Da Moralidade Da Corte

Maria de Magdala:
Ah! Meu Amado! Eu Finalmente Cheguei A Você!

Lamb Books
Adaptações Ilustradas para Toda a Família

Para o Amor que Persevera

LAMB BOOKS

Publicado por Lamb Books, 2 Dalkeith Court, 45 Vincent Street, London SW1P 4HH;

UK, USA, FR, IT, SP, PT, DE

www.lambbooks.org

Publicado pela primeira vez por Lamb Books 2013
Esta edição
001

Direitos de Autor do Texto @ Lamb Books Nominee, 2013

Direitos de Autor das Ilustrações @ Lamb Books, 2013
O direito moral do autor e do ilustrador foi afirmado
Todos os direitos reservados

O autor e publicador estão agradecidos ao Centro Editoriale Valtoriano em Itália pela
Permissão de citar o Poema do Homem-Deus por Maria Valtorta, por Valtorta Publishing

Sediado em Bookman Old Syle R
Impresso e encadernado por CPI Group (UK) Ltd, Croydon, CR0, 4YY

Exceto nos EUA, este livro vende-se sujeito à condição que não deve ir, por meio do comércio ou de outra maneira, emprestar-se, revender-se, alugar-se fora, ou de outra maneira fazer-se circular sem o consentimento prévio do publicador em qualquer forma de ligação ou cobertura outra do que isto no qual se publica e sem uma condição semelhante, inclusive esta condição que se impõe ao comprador subsequente.

Sigam-Me

Para O Amor Que Persevera

LAMBBOOKS

Agradecimentos

O material neste livro é adaptado de 'O Evangelho Como Me Foi Revelado', por Maria Valtorta, aprovado primeiramente pelo Papa Pio XII em 1948, quando numa reunião no dia 26 de Fevereiro de 1948, testemunhada por outros padres, ele ordenou três padres para "Publicar a obra conforme está".

Em 1994, o Vaticano atendeu às preces dos Cristãos de todo o mundo e começou a examinar o caso para a Canonização de Maria Valtorta (Little John).

'O Evangelho Como Me Foi Revelado' foi descrito pelo confidente do Papa Pio como "edificante". As revelações místicas há muito que foram o domínio de padres e do clero. Agora, estão acessíveis a todos. Que todos que irão ler esta adaptação, encontrem também algo edificante. Através desta luz, que a Fé seja renovada.

Agradecimentos Especiais ao Centro Editoriale Valtortiano em Itália pela permissão para citar o Poema do Homem-Deus por Maria Valtorta, cuja alcunha é Little John.

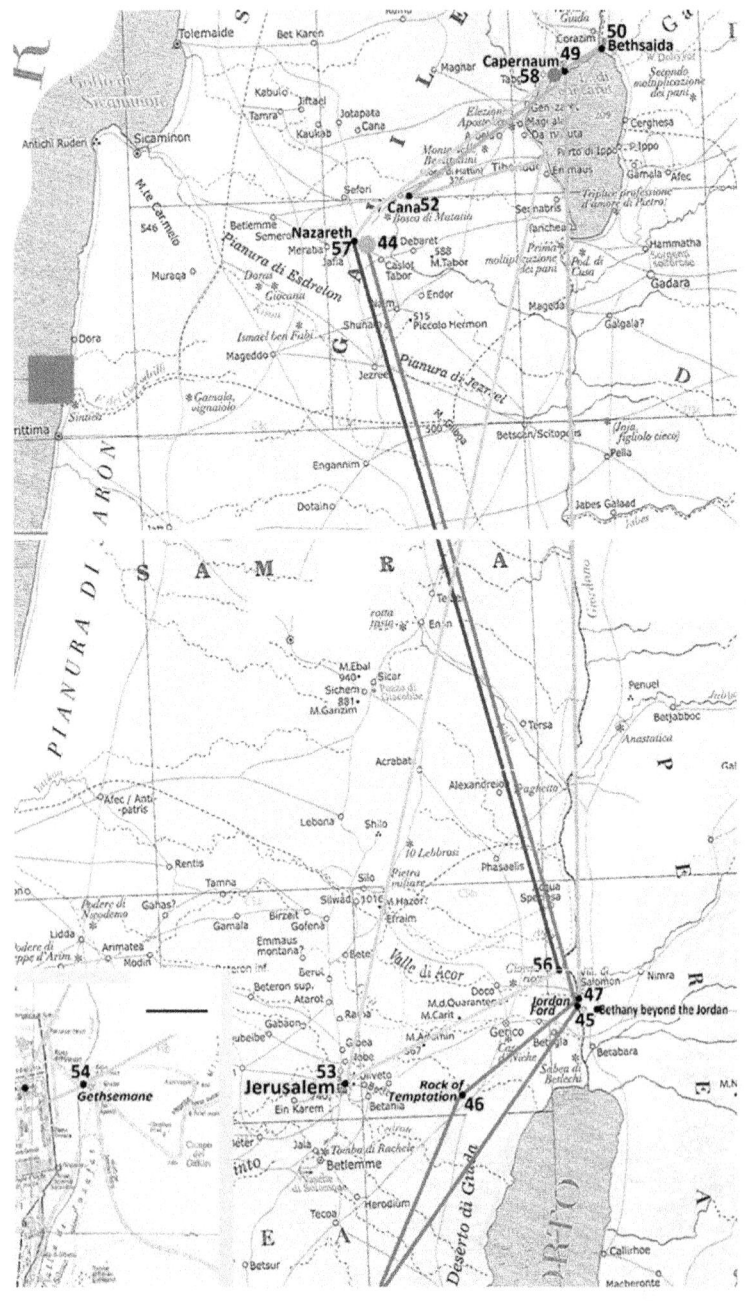

Para o Amor que Persevera

Sigam-me

Jesus, João, Simão E Judas A Caminho De Belém 12

JesUs Em Belém, Na Casa Do Camponês E Na Gruta 19

Jesus Vai Ao Hotel Em Belém E Prega Nas Ruínas Da Casa De Ana 37

Jesus E Os Pastores Elias, Levi E José 53

Jesus Em Jutá Com O Pastor Isaque 65

Jesus Em Hebron. Casa De Zacarias. Aglae. 80

No Vau Jordão. Reunião Com Os Pastores João, Matias E Simeão. 95

Jesus E Isaque Perto De Doco. Partida Para Esdraelon. 106

Jesus Com O Pastor Jonas Na Planície De Esdraelon 113

Retorno Para Nazaré Depois De Deixar Jonas 123

Jesus, João, Simão E Judas A Caminho De Belém

Jesus, que já está junto de João, reúne-se com Simão e Judas ao início da manhã, no mesmo portão em Jerusalém.

"Meus amigos...", diz Jesus... "Peço-vos quem venham Comigo até Judeia. Se não for demasiado para vós, especialmente para ti, Simão."

"Porquê, Senhor?"

"É difícil de percorrer as montanhas da Judeia... E será ainda mais doloroso, se encontrares alguém que te tenha prejudicado."

"Em relação ao caminho, quero assegurar-lhe mais uma vez que, desde que o Senhor me curou, sinto-me mais forte de que um jovem, é até mais fácil trabalhar, principalmente quando é feito por Si, e agora, Consigo. No que diz respeito a encontrar as pessoas que me prejudicaram, não existe mais ressentimento ou sentimentos em meu coração, desde que este se tornou Seu. O ódio tem ido junto com as escalas da doença. E acredite em mim, eu não posso dizer-Lhe qual dos milagres foi maior, a cura da minha carne corroída ou da minha alma consumida pelo ódio. Acho que não estou errado ao dizer que a cura da minha alma foi o maior milagre; A ferida da alma demora tempo para curar... e Você curou-me muito rápido. Isso é um milagre. Porque não se recupera de repente nem que seja com toda a força que eu tenha, nunca se escapa de um mau comportamento moral a não ser que o destrua com a sua santificadora força de vontade. "

"Estás certo".

"Porque não faz isso com todas as pessoas?" Pergunta Judas, um pouco ressentido.

"Mas Ele faz, Judas"... Diz João, abraçando amorosamente judas como se o quisesse acalmar, falando com ansiedade e persuasão... "Porque que falas assim com o Mestre? Não sentes que mudas-te desde que entraste em contato com Ele? Antes, eu era um discípulo de João Batista. Mas eu mudei completamente desde que Ele me disse: "Vem".

João, que raramente interfere, e nunca o faz na presença do Mestre, vê-se obrigado a falar, mas depois percebeu de que tinha falado antes de Jesus, cora e diz:

"Perdoe-me, Mestre, eu falei em seu lugar, mas eu queria ... Eu não queria que Judas o afligisse.

"Sim, João. Mas os Meus discípulos nunca Me afligem. Sendo ele meu discípulo, se ele persistir com esta maneira de pensar, eu irei lamentar-me. So me perturba saber quantos homens caíram no mal de satanás desviando os seus pensamentos. Todos os homens, você sabe! Todos os vossos pensamentos foram desviados por

Ele! Mas virá o dia que vocês vão ter a força e a graça de Deus, vocês terão a sabedoria do Seu Espírito... E aí poderão fazer um bom julgamento."

"E será que vamos conseguir fazê-lo?"

"Não, Judas."

"Mas está a referir-se a nós, discípulos, ou a todos os homens?"

"Primeiro dirijo-me a vocês, e depois aos outros todos. Quando chegar a hora, o Mestre vai nomear os Seus seguidores e enviá-los em todo o mundo..."

"Não vai já nomeá-los?"

"Por enquanto, apenas quero que digam:" O Messias está aqui. Venham até Ele". Mais tarde vou fazer com que sejas capaz de rezar em meu nome, e de fazer milagres em meu nome..."

"Oh! Milagres também?"

"Sim, em corpos e em almas."

"Oh! Então eles vão-nos admirar!" Exclama Judas, sentindo-se muito feliz com o pensamento.

"Mas, então, não iremos estar com o Mestre... E eu vou ter sempre medo de, apenas com a minha capacidade humana, fazer aquilo que apenas Deus pode fazer", diz João, olhando pensativamente e um pouco triste para Jesus.

"João, se o Mestre o permitir, eu gostaria de dizer o que eu penso", diz Simão.

"Sim, diga. Eu quero que se aconselhem uns aos outros."

"Já sabe que é um conselho?" Jesus sorri tranquilamente.

"Bem, eu digo-te João, que tu não deves...que nós não devemos ter medo. Vamos nos acreditar em Sua sabedoria de um santo Mestre e na Sua promessa. Se Ele diz: "Eu irei enviá-lo", isso significa que ele sabe que pode nos enviar, sem ter qualquer medo de que possamos fazer algum mal a ele ou a nós mesmos, que é a causa de Deus, que é tão precioso a cada um dos nós como uma noiva recém-casada. Se Ele promete vestir a nossa miséria intelectual e espiritual com o brilho do poder que o Seu Pai Lhe concede, temos de ter a certeza de que Ele vai fazê-lo e de que seremos bem-sucedidos, não por nós, mas por meio de Sua misericórdia. Tudo isso certamente vai acontecer, garantindo que os nossos atos estão livres de orgulho e ambições humanas. Eu acho que se contaminar-mos a nossa missão, que é inteiramente espiritual, com elementos da terra, então a promessa de Cristo não poderá ser cumprida. Não por causa de qualquer incapacidade da sua parte, mas porque vamos estagna-la com orgulho. Eu não sei se me fiz entender".

"Você falou muito claramente. Eu estou errado. Mas você sabe... Eu acho que depois de tudo, querer ser admirado como discípulos do Messias, tão perto dele a ponto de merecer fazer o que Ele faz, é o mesmo que querer aumentar ainda mais a figura poderosa de Cristo entre as pessoas. Louvor ao Mestre, que tem estes discípulos. É isso que eu quero dizer." Responde Judas.

"O que disseste não está totalmente errado. Mas Judas, repara. Eu venho de uma casta que é perseguida porque... Porque não entenderam quem é, ou como o Messias devia ser. Sim. Se estivéssemos á espera que Ele fosse quem realmente ele é, não teríamos cometido erros, que vão contra a verdade e se rebelam contra a Lei de Roma, para que tenham sido punidos tanto por Deus e por Roma. Nós imaginado Cristo como um conquistador que iria libertar Israel, como um novo Macabeu, maior do que o grande Judas... Só isso. E por quê? Porque em vez de termos em consideração o interesse de Deus tivemos em consideração os nossos próprios interesses: da pátria e do povo. Oh! Os interesses da pátria são certamente os mais sagrados. Mas o que eles são, em comparação aos dos Céus? Nas longas horas de perseguição, e nas horas de isolamento, como um fugitivo, que foi obrigado a esconder-se nas tocas dos animais selvagens, a partilhar a comida e cama com eles, para fugir do poder romano e acima de tudo, de falsos amigos; Ou quando, enquanto esperava pela morte no esconderijo de um leproso, em já tinha antecipação do sabor do sepulcro, eu meditei, e o que vi: eu vi a figura do Messias... A Sua, Minha humildade e Meu bom Mestre, a Sua, Mestre e Rei do Espírito, ó Cristo, o Filho do Pai, levando para o Pai, e não para os palácios reais de pó, nem as divindades da lama. Você... Oh! É fácil segui-lo... Porque, perdoe a minha ousadia, que se confessa estar correta, porque eu vejo-o da mesma maneira como achava que Você era, eu reconheço-O, eu reconheci-O imediatamente. Não, não era uma questão de conhecê-lo, mas de reconhecer Aquele a quem a minha alma já conhecia..."

"É por isso que te chamei... e é por isso que te levo comigo agora, nesta primeira jornada na Judeia. Eu quero que você complete o seu reconhecimento... e eu também quero estes, a quem a idade torna menos capaz

de alcançar a verdade por meio de meditação profunda, eu quero que eles saibam que o seu Mestre chegou... Irás entender mais tarde. Ali está a Torre de David. O Portão Leste está próximo."

"Vamos sair por ele?"

"Sim, Judas. Primeiro vamos a Belém. Onde eu nasci... Deverias sabê-lo... De dizer aos outros. Também é parte do conhecimento do Messias e das Escrituras. Irás encontrar profecias escritas em coisas não como profecias, mas como a história. Vamos de volta para casa de Herodes..."

"A raposa velha, e perversa."

"Não julgues. Para isso há Deus, que julga. Vamos seguir caminho ao longo destas hortas. Vamos parar sob a sombra de uma árvore, perto de alguma casa hospitaleira, até esfriar. Depois voltaremos ao caminho."

JesUs Em Belém, Na Casa Do Camponês E Na Gruta

É que um dia quente e seco de verão em uma estrada plana coberta de poeira e pedras, que se estende ao longo de um olival com oliveiras enormes carregado com pequenas azeitonas, ainda jovem.

Mantendo-se à sombra das oliveiras e de longe o pior da poeira, Jesus com seus três discípulos prossegue ao longo da estrada, onde a erva é ainda verde, logo a frente após uma curva, vê-se um edifício quadrado, fechado e abandonado, com uma pequena cúpula. A partir daí, é uma subida fácil para um vale em forma de ferradura, repleto de casas formando uma pequena cidade.

"Aqui é sepulcro de Raquel", diz Simão.

"Nesse caso, estamos quase a chegar. Vamos já para a cidade?"
"Não, Judas, eu quero mostrar-lhe um lugar antes de irmos... Só depois iremos para a cidade, ainda quando houver luz do sol, e como vai ser uma noite de luar, poderemos falar com as pessoas, se elas nos quiserem ouvir."

"Você acha que não irão ouvi-lo?"

Eles chegam ao sepulcro, um antigo monumento, mas bem preservado.
Jesus pára para beber em um poço rústico nas proximidades. Uma mulher que veio para tirar água oferece-lhe um pouco.

"Vem de Belém?" Pergunta Jesus.

"Eu sou. Mas agora, no tempo da colheita, eu vivo no campo aqui com o meu marido, para cuidar das hortas e pomares. Você é Galileu?"

"Eu nasci em Belém, mas moro em Nazaré, na Galileia."

"Você também é perseguidos?"

"A família é. Mas por que diz: "Você também?" Há muitas pessoas perseguidas entre os belemitas?"

"Não sabe? Que idade tem?"

"Trinta".

"Então Você nasceu exatamente quando... oh! Que calamidade! Mas por que Ele nasceu aqui?"

"Quem?"

"Aquele que disseram que era o Salvador. Maldito sejam os tolos que, bêbado como estavam, pensavam que as nuvens eram anjos e os balidos e zurrar eram vozes do Céu, e bêbados, confundiram três pessoas miseráveis com as pessoas mais sagradas da Terra. Malditos sejam! E maldito seja quem acreditar."

"Mas, com todos esses insultos, não Me está dizendo o que aconteceu. Por que está insultando?"

"Porque... Ouça: onde vai?"

"Para Belém com meus amigos. Eu tenho assuntos a tratar lá. Devo visitar alguns velhos amigos e levá-los os cumprimentos da minha mãe. Mas eu gostaria de saber muitas coisas antes, porque estive afastado por muitos anos. Saímos da cidade quando eu tinha apenas alguns meses de idade."

"Antes da catástrofe, portanto. Escute, se não desprezar a casa de um camponês, pode vir e compartilhar o nosso pão e sal. Você e seus companheiros. Vamos falar durante o jantar e lhes darei abrigo durante a noite. A minha casa é pequena. Mas, acima do estábulo há um monte de feno amontoado. A noite é clara e quente. Se você quiser, você pode dormir lá.

"Que o Senhor de Israel recompense sua hospitalidade. Ficarei feliz em ir a sua casa."

"Um peregrino traz bênçãos com ele. Vamos. Mas terei ainda de regar os legumes."

"E eu vou ajudá-la."

"Não, você é um cavalheiro, seu comportamento diz isso."

"Eu sou uma mulher trabalhadora. Esse é um pescador. Esses dois Judaicos estão bem na vida e empregados. Eu não sou." E Ele pega num frasco que estava deitado perto da baixa da parede do poço, Ele amarra a corda, e baixa-o para o poço. João ajuda-O. Também os outros desejam ser úteis e perguntam à mulher: "Onde estão os vegetais? Conte-nos e vamos levar a água até lá."

"Que Deus os abençoe! Minhas costas estão doendo com a fadiga. Venham..."

E enquanto Jesus está puxando o Seu balde, os três discípulos desaparecem ao longo de um pequeno caminho... e voltam com dois recipientes, que eles enchem, e voltam. E eles não o fazem três, mas dez vezes. E Judas rindo, diz: "Ela está gritando até ficar rouca, nos abençoando. Temos dado tanta água para aos seus legumes que o solo estará húmido por pelo menos dois dias, assim ela poderá descançar." Quando ele voltar pela última vez, ele diz: "Mestre, eu tenho medo que tenhamos tido azar."

"Porque, Judas?"

"Porque ela é assim com o Messias. Eu lhe disse: "Não insulte. Você não sabe que o Messias é a maior graça para o povo de Deus? O Senhor prometeu que Ele para Jacob, e depois dele a todos os Profetas e às pessoas em Israel. E você o odeia". Ela respondeu:" Não ele. Mas aquele a quem alguns pastores bêbados e três adivinhos amaldiçoados do Oriente chamam de 'Messias". "E já que é você..."

"Não importa. Eu sei que eu sou colocado em julgamento e contradição para muitos. Você quis dizer a ela quem eu sou?"

"Não, eu não sou um tolo. Eu queria salvá-lo a Si e aos outros".

"Fizeste bem. Não por nossa causa. Mas porque eu gosto de mostrar-me quando eu acho que o tempo é certo.

Vamos."

Judas o leva até a horta.

A mulher esvazia os últimos três baldes e, em seguida, leva-o para um edifício rústico no meio do pomar. 'Vá...', ela diz: "...O meu marido já está em casa."

Eles olham para a cozinha cheia de fumo. "A paz esteja nesta casa" cumprimenta Jesus.

"Quem quer que seja, que você e seus amigos sejam ser abençoados. Venham", responde o homem. E ele dá uma bacia de água a eles para se refrescarem e limparem-se e, depois, todos se sentam em volta de uma mesa desgastada.

"Obrigado por ajudar a minha esposa. Ela me disse. Eu nunca tinha lidado com Galileus antes e me disseram que eles são agressivos e violentos. Mas você foi gentil e bom. Embora já cansado... trabalhou duro. Você vem de longe?"

"De Jerusalém. Estes dois são Judaicos. O outro e eu somos da Galileia. Mas, acredite em mim: você vai encontrar bons e maus em todos os lugares".

"Isso é verdade. A primeira vez que encontro Galileus, eu acho que eles são dos bons. Mulher: traz a comida. Eu tenho apenas pão, legumes, azeitonas e queijo. Eu sou um camponês".

"Eu não sou um cavalheiro Eu mesmo. Eu sou um carpinteiro."

"O quê? Você? Com as suas maneiras?"

A mulher intervém: "Os nossos convidados são de Belém, eu disse-lhe, e se são perseguidos, eles provavelmente eram ricos e aprenderam com Josué de Ur, Mateus de Isaque, Levi de Abraão, as pessoas pobres...!"

"Vocês não são questionados. Perdoem-na. As mulheres são mais faladoras do que pardais à noite."

"Eram familiares de Belém?"

"O quê? Você não sabe quem eles são, e você vem de Belém?"

"Nós fugimos quando eu tinha poucos meses de idade...", mas a mulher interrompe.

"Ele foi embora antes do massacre".

"Eh! Eu vejo isso. Caso contrário, Ele não estaria neste mundo. Nunca voltou?"

"Não, nunca."

"Que calamidade! Você não vai encontrar muitos dos que Sara disse que queria encontrar e visitar. Muitos foram mortos, muitos fugiram, muitos... quem sabe! ... Desaparecidos, e nunca de soube se eles morreram no deserto ou morreram na prisão como castigo por sua rebelião. Mas foi uma rebelião? E quem teria permanecido parado permitindo tantos inocentes serem abatidos? Não, é injusto que Levi e Elias ainda estão vivos quando tantos inocentes estão mortos!"

"Quem são eles, e o que eles fizeram?"

"Bem... pelo menos deve ter ouvido falar do massacre. O

Sigam-me

massacre por Herodes ... Mais de mil bebês mortos na cidade, quase mais mil no país (1). E eles eram todos, ou quase todos rapazes, porque em sua fúria, na escuridão, na briga, os assassinos os levaram para longe dos seus berços, das camas das suas mães, das casas que eles assaltaram, também algumas meninas, e eles perfuram-nos como gazelas bebês abatidas por arqueiros. Bem: e porquê tudo isso? Porque um grupo de pastores, que, obviamente, bebeu uma quantidade enorme de cidra para suportar o frio intenso da noite, em um frenesim de excitação, afirmaram ter visto anjos, ouvido músicas, recebido instruções... E eles disseram-nos em Belém: "Venham. Adorem. Nasceu o Messias". Imaginem só: o Messias em uma caverna! Com toda a sinceridade, eu devo admitir que estávamos todos bêbados, eu mesmo ainda adolescente, também a minha esposa, em seguida... porque todos nós acreditamos neles e em uma mulher pobre da Galileia, vimos a Virgem Mãe mencionada pelos Profetas. Mas ela estava com o marido, um Galileu bruto! Se Ela era a esposa, como poderia ela ser a "Virgem"? Para cortar uma longa história curta: nós acreditávamos.

Presentes, adorando... casas abertas para dar-lhes hospitalidade!...

Oh! Eles representaram os seus papéis muito bem! Pobre Ana! Ela perdeu a sua propriedade e sua vida, e também os filhos de sua filha mais velha, o único que restou, porque ela era casada com um comerciante em Jerusalém, perderam todos os seus bens, porque sua casa foi incendiada e toda a exploração devastada por Herodes. Agora é um campo inculto, onde os rebanhos se alimentam."

"E foi inteiramente culpa dos pastores?"

"Não, a culpa foi também de três magos que vieram do reino de Satanás. Talvez eles fossem cúmplices... E nós tolamente orgulhosos com tanta honra! E o pobre arco sinagoga! Nós o matamos porque ele jurou que as profecias confirmavam a verdade dos pastores e dos magos..."

"Foi, portanto, culpa dos pastores e dos magos?"

"Não, Galileu. Também foi culpa nossa. A culpa da nossa credulidade. O Messias era esperado á muito tempo! Séculos de expectativa. E houve muitas deceções por causa de falsos messias. Um deles era um Galileu, como você, outro foi nomeado Theudas. Mentirosos! Eles... Messias! Eles não eram nada, mas aventureiros gananciosos á procura de um golpe de sorte! Nós deveríamos ter aprendido a lição. Em vez disso..."

"Bem, então, por que você insulta os pastores e os magos? Se considera vós, insensatos, também, então você deve ser insultada também. Mas o preceito do amor proíbe-o. Uma maldição atrai outra maldição. Você tem certeza que está certo? Não poderia ser verdade que os pastores e os magos falassem a verdade, revelado a eles por Deus? Por que insistem em acreditar que eles eram mentirosos?"

"Porque os anos da profecia não estavam completos. Nós pensamos sobre isso depois... Depois de nossos olhos tinham sido abertos pelo sangue que avermelhada bacias e riachos.

"E não poderia o Altíssimo apressar a vinda do Salvador,

por um excesso de amor para o seu povo? Em que é que os magos baseavam a sua história? Você disse-me que eles vieram do Oriente..."

"Em seus cálculos relativos a uma nova estrela."

"Não está escrito: "Uma estrela de Jacob tomou a liderança, um cetro surge em Israel"? E não parou o grande Patriarca Jacob na terra de Belém, pois esta esta querida para ele, porque sua amada Raquel morreu lá? E não saíram estas palavras da boca de um profeta: "Um rebento que surge do tronco de Jessé, um rebento vem das suas raízes?" Jessé, pai de David, nasceu aqui. É o tiro sobre o estoque, cortado pela raiz, usurpações tirânicas, não é a "Virgem" quem vai dar luz ao seu filho, não concebida pela ação do homem, caso contrário, ela não seria uma virgem, mas por vontade divina, pela qual Ele será o "Emanuel", porque: Filho de Deus, Ele é Deus e traz Deus para o seu povo, como o seu nome proclama? E não vai ser anunciado, como diz a profecia, para o povo que andava em trevas, isto é, os pagãos, "por uma grande luz"? E a estrela que os magos viram, não poderia ser a estrela de Jacó, a grande luz das duas profecias de Balaão e Isaías? E o próprio massacre ordenado por Herodes, ele não vem nas profecias? "Uma voz se ouviu em Ramá... É Raquel chorando pelos seus filhos. "Foi escrito que as lágrimas devem escorrer pelos ossos de Raquel no seu sepulcro em Efrata, quando, através do Salvador, a recompensa viria para o povo santo. Lágrimas que se transformariam em riso celestial, assim como o arco-íris é formado pelas últimas gotas de tempestade, mas ele diz:

"Aqui, o céu está claro."

"Você é um homem culto. Você é um rabino?"

"Sim, eu sou."

"E eu percebi. Há luz e verdade em suas palavras. Mas... Oh! Muitas feridas ainda estão abertas nesta terra de Belém por causa do verdadeiro ou falso Messias... Eu nunca o aconselharia a vir aqui. A terra iria rejeitá-Lo, como quem rejeita um enteado que causou a morte dos filhos verdadeiros. Em todo o caso... se era ele... Ele morreu com as outras crianças abatidas."
"Onde vivem agora Levi e Elias?
"Você conhece-os?" O homem fica desconfiado.
"Eu não os conheço. Seus rostos são desconhecidos para mim. Mas eles são infelizes, e tenho sempre misericórdia pelos infelizes. Eu quero ir e vê-los".
"Bem, vai ser o primeiro após cerca de trinta anos. Eles ainda são pastores e eles trabalham para um Herodes rico de Jerusalém, que tomou posse de muitos bens pertencentes às pessoas mortas... Há sempre alguém fazendo lucro! Você vai encontrá-los com os seus rebanhos nas terras altas em Hebrom. Mas Lhe dou um conselho: não deixe ninguém de Belém O ver falando com eles. Você iria sofrer com isso. Ninguem os suporta porque... por causa do Herodes. Caso contrário..."

"Oh! Ódio! Porquê ódio?

"Porque ele é justo. Eles nos fizeram mal."

"Eles achavam que estavam fazendo o bem."

"Mas eles fizeram mal. Deixe-os ser prejudicados. Deveríamos tê-los matado, pois houve tantas pessoas mortas pela sua estupidez. Mas mesmos nós nos tornámos parvos e depois... havia Herodes".

"Assim, mesmo se ele não estivesse lá, após o primeiro desejo de vingança que ainda era desculpável, você os teria matado?"

"Nós os mataríamos agora mesmo, se não tivéssemos medo do seu Mestre."

"Homem, eu digo, não odeie. Não deseje coisas más. Não fique ansioso para fazer coisas más. Não há falta aqui. Mas, mesmo se houvesse, perdoe. Perdoe em nome de Deus. Diga aos outros povos de Belém também. Quando o seu coração está livre de ódio, o Messias virá; Você irá conhecê-lo, porque Ele está vivo. Ele já existia quando o massacre ocorreu. Eu lhe garanto. Foi culpa de Satanás, e não por culpa dos pastores e dos magos que o massacre ocorreu. O Messias nasceu aqui por você, Ele veio para trazer a Luz para a terra, a luz de seus Pais. O Filho da Virgem Mãe da linhagem de Davi, nas ruínas da casa de David, ele concedeu um fluxo de Graças para o mundo, e uma nova vida para a humanidade... "

"Vá embora! Saia daqui! Você é um seguidor desse falso Messias, pois ele só poder ser falso, trouxe desgraça para nós aqui em Belém. Você está defendendo ele, então..."

"Cale-se, homem. Eu sou Judaico e tenho amigos influentes. Eu poderia fazer você se arrepender dos seus insultos!" Diza Judas, agarrando as roupas do camponês, e sacudindo-o em um ataque de raiva.

"Não, não, fora daqui! Eu não quero problemas com o povo de Belém ou com Roma ou Herodes. Vão-se embora, malditos, se não querem que eu deixe a minha marca em vocês... Fora!"

"Vamos, Judas. Não reaja. Vamos deixá-lo em seu ódio. Deus não vai entrar onde houver ódio amargo. Vamos".

"Sim, nós iremos. Mas ireis pagar por isto".

"Não, Judas, não diga isso. Eles estão cegos... Nós encontraremos muitos no caminho".

Eles saem e encontram Simão e João, que estão de fora, falando com a mulher, perto do estábulo.

"Perdoe o meu marido, Senhor. Eu não pensei que lhe causaria tantos problemas... Aqui, tome estas". Ela dá-lhe alguns ovos. "Para comer amanhã de manhã. Eles são frescos. Não tenho mais nada... Perdoe-nos. Onde vai dormir?"

"Não se preocupe. Eu sei para onde ir. Vá e que a paz esteja consigo por sua bondade. Adeus."

Eles andam a uma curta distância, sem falar, então Judas explode: "Mas Você... Por que fez com que O adorassem? Porque não espagou aquele malcriado na lama? No chão! Esmagado, porque ele não mostrou nenhum respeito por Si, o Messias... Oh! Isso é o que eu teria feito! Samaritanos devem ser reduzidos a cinzas por um milagre! É a única coisa que irá afastá-los".

"Oh! Quantas vezes eu ainda vou ouvir o que aquele homem disse! Deveria eu reduzir a cinzas todo o pecado contra mim?... Não, Judas. Eu vim para criar, não para destruir".

"Sim! E nesse meio tempo eles irão destruir Você." Jesus não respondeu.

Simão pergunta: "Para onde vamos agora, Mestre?"

"Venham comigo, eu conheço um lugar".

"Mas se Você nunca voltou aqui, como pode saber?" Pergunta Judas, ainda enervado.

"Eu conheço. Não é um lugar bonito. Mas eu estive lá antes. Não é em Belém... É um pouco fora... Vamos seguir caminho".

Jesus está na frente, seguido por Simão, em seguida, Judas e João é o último... No silêncio, quebrado apenas pelo bater das suas sandálias nos pequenos grãos de cascalho no caminho, o som de choro pode ser ouvido.

"Quem chora?" Pergunta Jesus, virando-se.

"É João. Ele ficou assustado." Responde Judas.

"Não, eu não estava com medo. Eu já tinha colocado a mão na faca debaixo do meu cinto... Até que me lembrei das palavras que Tem vindo a repetir: "Não mate, perdoe"".

"Porque choras, então?" Pergunta Judas.

"Porque eu sofro ao ver que o mundo não ama Jesus. Eles não conhecem, e eles não querem conhecê-Lo. Oh! É uma dor! Como se alguém rasga-se o meu coração com espinhos em chamas. Como se eu tivesse visto alguém pisando em minha mãe ou cuspir no rosto do meu pai... Pior ainda... Como se eu tivesse visto os cavalos romanos comer na Arca Sagrada e descansando no Santo dos Santos".

"Não chore, meu caro. Digamos, por este momento e por infinitas vezes no futuro: "Ele era a Luz e Ele veio para iluminar a escuridão, mas as trevas não o conheceram. Ele veio ao mundo que tinha sido feito por Ele, mas o mundo não o conheceu. Ele veio para a sua cidade, para o seu domínio, mas os seus não o receberam." Oh! Não chore assim!"

"Isso não aconteceu na Galileia!", Diz João suspirando.

"Bem, nem mesmo na Judeia", diz Judas. "Jerusalém é a capital e três dias atrás ela cantou para Si, o Messias! Não deves julgar baseado neste lugar de camponeses grosseiros, pastores e horticultores. Também os Galileus, lembre-se, não têm tudo de bom. Afinal, onde é que Judas, o falso Messias, veio? Eles disseram..."

"Chega, Judas. Não é preciso ficar com raiva. Eu sou calmo. Tem calma também, Judas, venha aqui. Eu quero falar contigo." Judas vai até ele. "Leva esta bolsa. Irás fazer as compras para amanhã".

"E, por enquanto, para onde estamos indo?"

Jesus sorri, mas não responde.

Está escuro e o céu repleto de estrelas, estrelas como em uma cortina celeste, um dossel de pedras preciosas que vivem espalhados sobre as colinas de Belém. Rouxinóis cantam nas oliveiras. Nas proximidades, a fita prateada de um riacho, Bois e rebanhos de ovelhas. O ar é perfumado com o cheiro de feno torrado dos campos ceifados.

"Mas aqui!... Não há nada além de ruínas aqui! Aonde nos está nos levando? A cidade está ali."

"Eu sei. Vem. Segue o riacho atrás de mim. Mais alguns passos e... e vou dar-te a morada do Rei de Israel".

Judas encolhe os ombros e fica quieto.

Mais alguns passos, e aparece um amontoado de casas em ruínas: restos de casas... E uma caverna entre as fendas de um grande muro.

Jesus pergunta: "Alguém tem uma tocha? Acendam."

Simão acende uma lâmpada pequena que tinha na sua mochila e dá a Jesus.

"Venha", diz Jesus levantando a luz. "Entre. Este é o lar do Rei de Israel".

'"Você deve estar brincando, Mestre! Este é um antro imundo. Ah! Eu não vou ficar aqui! Eu detesto isto: é húmido, frio, fedorento, cheio de escorpiões e cobras talvez..."

"E ainda... Meus amigos, aqui na noite do vinte e cinco de Quisleu, a Festa das Luzes, Jesus Cristo, nasceu da Virgem Maria, o Isaías, o Verbo de Deus feito carne, pelo amor do homem: E Eu pergunto-te. Também antes, como agora, o mundo era surdo às vozes do Céu que falava aos corações dos homens... e rejeitou a mãe... e aqui... Não, Judas, não desvies os olhos em desgosto daqueles morcegos esvoaçantes, daqueles lagartos, daquelas teias de aranha, não levantes com desgosto o teu manto bordado, sob a trilha no chão coberta com excrementos de animais. Os morcegos são os netos dos que foram os primeiros brinquedos a postos diante dos olhos da Criança, para quem os anjos cantaram o "Gloria" ouvido pelos pastores, embriagado apenas por uma alegria extática, uma verdadeira alegria. O verde esmeralda dos lagartos foi a primeira cor para os Meus olhos, a primeira, depois do rosto e do vestido branco da minha mãe. Essas teias de aranha foram a copa de meu berço real. Este chão... oh! podes pisar nele sem desdém... Está repleto de excrementos... Mas é santificado pelo seu pé, o pé do Santo, a Santíssima, Pura, Imaculada Mãe de Deus, que deu à luz, porque ela estava para dar à luz, porque Deus, não o homem, cobriu com sua sombra. Ela, a Virgem, pisou nele. Tu podes pisar nele também. E que a pureza difundida por ela, pela vontade de Deus, suba das solas dos seus pés para o seu coração..."

Simão está de joelhos. João vai para a manjedoura e chora, inclinando a cabeça contra ela. Judas está apavorado... ele é superado pela emoção, e não mais preocupado com o seu belo manto, ajoelha-se no chão, agarra a túnica de Jesus e beija-o, batendo no peito dizendo: "Oh! Meu bom Mestre, tem misericórdia da cegueira do seu servo! O meu orgulho desaparece... Eu O vejo como é. Não é o rei que eu estava pensando. Mas o Príncipe Eterno, o Pai dos séculos futuros, o Rei da paz. Tenha piedade, meu Senhor e meu Deus, tenha misericórdia de mim!"

"Sim, você tem toda a minha misericórdia! Agora vamos dormir, onde o Menino e a Virgem dormiram, lá onde João tomou o lugar da Mãe adorando, aqui onde Simão se assemelha a meu pai. Ou, se você preferir assim, eu vou conversar contigo sobre aquela noite..."

"Oh! sim, Mestre, fala-nos de seu nascimento."

"Será uma pérola brilhando em nossos corações. E

podemos dizer ao mundo inteiro."

"E podemos venerar sua Virgem Mãe, não só como sua mãe, mas também como... como a Virgem!"

Judas foi o primeiro a falar, depois Simão e João, que sorriam e gritavam perto da manjedoura.

"Venha e sente-se no feno. Escute..." E Jesus conta-lhes sobre a noite do seu nascimento..."

Como a mãe estava perto do seu tempo para ter o seu filho, foi emitido um decreto pelo delegado imperial Públio Sulpício Quirino sob instruções de César Augusto, quando Sentius Saturnino era governador da Palestina. O decreto afirma que um censo deveria ser realizado a todas as pessoas do império. Aqueles que não eram escravos deveriam ir para seus locais de origem e registro nos cadernos oficiais do império. José, era da linhagem de Davi, assim como Sua Mão. De acordo com o decreto, eles deixaram Nazaré e vieram a Belém, berço da família real. O clima estava forte..."

Jesus Vai Ao Hotel Em Belém E Prega Nas Ruínas Da Casa De Ana

É ainda cedo em uma manhã brilhante de verão. As aves, empolgadas com a luz brilhante, enchem o ar com as canções dos Pardais, melros e aquele apito, que brigam por uma minhoca ou galho que querem levar para seus ninhos.
Andorinhas com cor de ferrugem vão como dardos do céu até o riacho para molhar as suas asas brancas como neve, refrescar-se na água e pegar em uma pequena mosca que ainda está dormindo em um pequeno caule e, em seguida, subir de volta para o céu como uma lâmina polida, o tempo todo cantando alegremente.

Ao longo das margens do rio, duas alvéolas cinza, andam graciosamente como duas pequenas damas segurando suas longas caudas adornadas. Eles param para olhar com satisfação para seus belos reflexos na água antes de retomar a sua caminhada enquanto um pássaro preto, um ladino real da madeira, ridiculariza-los, assobiando com seu bico longo.

Na folhagem espessa de uma macieira selvagem que cresce sozinha pelas ruínas, um rouxinol chama seu companheiro insistentemente, e apenas se acalma quando o vê chegar com uma lagarta contorcendo no seu bico fino. Dois pombos da cidade escapam de uma fenda em uma torre em ruínas.

Com os braços cruzados, Jesus, olha para todas as pequenas criaturas felizes e sorri.
"Já está pronto, Mestre?" Pergunta Simão, atrás dele.
"Sim, estou. Os outros ainda estão a dormir?"
"Sim, estão".'
"Eles são jovens... Eu me lavei nesse riacho... A água é tão fria que limpa a mente..."
"Eu irei me lavar agora."

Simão, vestindo apenas uma túnica curta, lava-se e em seguida, coloca suas roupas. Enquanto isto, Judas e João saem.

"Bom dia, Mestre, estamos atrasados?"

"Não. Ainda está a amanhecer. Mas vamo-nos apressar."

Os dois lavam-se e vestem as suas túnicas e mantos.

Jesus, antes de sair, agarra em algumas flores pequenas que cresceram entre as fendas de duas pedras, e coloca-as em uma pequena caixa de madeira que já contém outros itens; "Vou levá-las para a minha mãe...", explica ele. "Ela vai adorar... Vamos."

"Para onde, Mestre?"

"Para Belém."

"Mais uma vez? Eu não acho que a situação seja favorável para nós..."

"Não importa. Vamos. Eu quero mostrar-vos onde os Magos vieram e onde eu estava."

"Nesse caso, ouça-me. Desculpe-me. Dá-me licença Mestre? Vamos fazer uma coisa. Em Belém, no hotel, deixe-me falar e fazer perguntas. Vocês Galileus não são muito bem vistos na Judeia, e muito menos aqui. Não, vamos fazer isso: as Suas roupas mostram que Você e João são Galileus. É muito fácil. E... o seu cabelo! Por que insistem em usá-lo tanto tempo? Simão e eu vou trocar de manto contigo. Simão, dá o teu a João, eu vou dar o meu para o Mestre. É isso! Veja! Já se parece um pouco mais com um judaico. Agora pegue isso."

E ele tira o pano que cobre sua cabeça: amarelo, castanho, vermelho, com riscas verdes, como o seu manto, mantido em posição por um cabo amarelo, ele coloca-o na cabeça de Jesus, ajustando-o ao longo da sua faces para esconder o Seu cabelo. João coloca um verde muito escuro de Simão. "Oh! Assim está melhor. Eu tenho um sentido prático."

"Sim, Judas, tens um sentido prático. Isso é verdade. Mas cuidado, não te excedas no outro sentido."

"Qual deles, Mestre?"

"O sentido espiritual,"

"Não! Não! Mas, em certos casos, vale a pena ser mais um político do que um embaixador. E escute... serei um pouco mais... é para Seu próprio bem... Não me contradiga se eu disser alguma coisa... alguma coisa... que não seja verdade."

"O que vais dizer? Porquê mentir? Eu sou a Verdade e

não quero nenhuma mentira em mim ou ao meu redor".

"Oh! Serão meias mentiras. Posso dizer que todos nós estamos voltando de lugares remotos, do Egito, por exemplo, e que estamos á procura de notícias de amigos queridos. Posso dizer que somos Judaicos voltando do exílio. Afinal, há alguma verdade em tudo, e eu vou estar falando, e... mais uma mentira, menos uma mentira..."

"Mas Judas! Porquê enganar?"

"Não ligue, Mestre! O mundo vive no engano. E às vezes engano é uma necessidade. Bem: Para O fazer feliz, vou apenas dizer que estamos vindo de longe e que somos Judaicos. O que é verdade para três de nós. E tu, João, por favor, não digas nada. Te entregarias."

"Vou ficar quieto."

"Então... se tudo der certo tudo bem... vamos dizer o resto. Mas não me acredito nisso... Eu sou esperto, eu compreendo as coisas á primeira".

"Eu vejo isso, Judas. Mas eu prefiro que sejas simples."

"Isso não ajuda muito. Neste grupo, eu vou ser o único responsável por missões difíceis. Deixe-me continuar." Jesus fica relutante. Mas concorda.

Eles partiram, caminhando primeiro ao redor das ruínas e, em seguida, ao longo de uma enorme parede sem janelas do outro lado do qual se ouve zurrar, mugindo, relinchando, e o grito esquisito de camelos. Eles seguem a parede e saem para a praça de Belém com uma fonte no centro. A forma da fonte é ainda estranha como estava na noite da visita dos Reis Magos, mas do outro lado da rua, onde uma pequena casa que na mesma noite tinha sido banhada pelos raios prateados da Estrela, há agora apenas uma grande abertura repleta de ruínas, encimados por uma pequena escadaria exterior.

Jesus olha e suspira.

A praça está cheia de pessoas ao redor, comerciantes de alimentos, utensílios, roupas e outros itens, todos ou espalhar-se em esteiras ou com cestos no chão, com os comerciantes agachados no centro das suas lojas... ou em pé, gritando e gesticulando com compradores mesquinhos.

"É dia de mercado", diz Simão.

O portão principal do hotel onde os Magos ficaram é aberto e uma linha de burros carregados de mercadorias sai. Judas entra primeiro e olha em volta e vê um traficante, sujo, com mangas curtas, com a sua túnica curta descendo até os joelhos.

"Senhorio!" Ele grita. "O Senhorio! Rápido! Seja rápido. Não estou acostumado a ser mantido à espera de pessoas."

O menino foge, arrastando uma vassoura atrás dele.

"Mas Judas! Que maneiras!"

"Fique quieto, Mestre. Me deixe em paz. É importante que eles nos considerem pessoas ricas que vêm da cidade."

O Senhorio corre e se inclina repetidamente para de Judas, que parece impressionante no manto vermelho escuro de Jesus usado em cima de sua túnica amarela suntuoso cheio de franjas.

"Viemos de longe homem. Somos Judaicos das comunidades asiáticas. Este cavalheiro, nascido em Belém e perseguido, está agora à procura de alguns amigos queridos. Estamos com ele. Viemos de Jerusalém, onde se adorava o Altíssimo em Sua Casa. Poderá dar-nos alguma informação?"

"Meu Senhor... serei seu servo... faço tudo o que pedir. Dê-me as suas ordens."

"Nós queremos algumas informações sobre muitos... e particularmente sobre Ana, a mulher cuja casa estava em frente ao seu hotel."

"Oh! Pobre mulher! Você vai encontrá-la somente no seio de Abraão. E os seus filhos com ela."

"Ela está morta? Como?"

"Você não sabe do massacre de Herodes? O mundo inteiro falou do incidente. Até mesmo César o chamou de "um porco que se alimenta de sangue." Oh! O que foi que eu disse? Não faça queixa de mim! Você é realmente Judaico?"

"Este é o símbolo da minha tribo. Então? Fale."

"Ana foi morta por soldados de Herodes, com todos os seus filhos, com exceção de uma filha".

"Mas porquê? Ela era tão boa pessoa."

"Conhecia-a?"

"Sim, muito bem." Judas fica atrapalhado.

"Ela foi morta porque ela deu hospitalidade para aqueles que disseram que vinham pelo Messias... Venha para esta sala... As paredes têm ouvidos e é perigoso falar sobre certas coisas."

Eles vão para um quarto escuro e sentam-se em um sofá baixo.

"Agora... Eu tinha um nariz maravilhoso. Eu não sou um hoteleiro ao acaso. Eu nasci aqui, filho de filhos de hoteleiros. Está no meu sangue. E eu não salvá-los. Eu não tinha um buraco para os esconder. Mas... Pobres, desconhecidos Galileus... Oh! Não! Ezequias não vai cair na armadilha! E eu caí... Eu senti que eles eram diferentes... Que mulher... Seus olhos... Alguma coisa... Não, não... Ela deve ter tido um demônio dentro dela e ela falou com ele. E deu-o... Não para mim... Mas para a cidade. Ana era mais inocente do que um cordeirinho, e ela deu-lhes hospitalidade alguns dias depois, quando ela já tinha a Criança. Eles disseram que Ele era o Messias... Oh! O dinheiro que eu fiz durante esses dias! O censo não era nada parecido com ele! Muitas pessoas vieram aqui que não tinha nada a ver com o censo. Eles vieram até mesmo do litoral, mesmo do Egito para ver... e durou meses! O lucro que fiz! Os últimos a chegar foram três reis, três pessoas poderosas, três magos... Eu não sei! Era como um comboio, infinito!"

"Eles ocuparam todos os estábulos e pagaram em ouro para tanto feno que poderia ter durado um mês, e eles foram embora no dia seguinte, deixando tudo aqui. E os presentes que deram para os vendedores e para as mulheres!

Sigam-me

E para mim! Oh! Eu só posso falar bem do Messias, se Ele era um verdadeiro ou falso. Ele me fez ganhar sacos de dinheiro. E eu não tinha desastres. Não foi a minha família que morreu, porque eu tinha acabado de casar. Então... mas os outros!"

"Nós gostaríamos de ver os lugares do abate."

"Os lugares? Mas cada casa era um local de abate. Houve pessoas mortas por metro quadrado em Belém. Venha comigo."

Eles vão até uma escada em um grande terraço de onde se pode ver um monte e toda a cidade se espalhou sobre as colinas como um leque aberto.

"Você consegue ver as ruínas? Também as casas foram queimadas porque os pais defenderam as suas crianças com as suas armas. Pode ir lá ver, aquela coisa que se parece com um poço coberto de hera? Esses são os restos da sinagoga. Ela foi incendiada junto com quem declarou que ele era de fato o Messias... Incendiada pelos sobreviventes, impulsionados pelo massacre dos seus filhos. Tivemos problemas para que, depois... E ali, e lá, lá... tantos sepulcros? As vítimas estão enterradas lá... Como ovelhas por todo o verde, tanto quanto os olhos podem ver. Todos os inocentes e os seus pais e mães... A água estava vermelha depois dos assassinos lavarem as suas armas e as mãos nele. E o riacho na parte de trás, você viu? Era rosa pois o sangue que tinha fluiu através dos esgotos. E lá, lá, mesmo á frente. Isso é o que resta da casa de Ana.

Jesus chora.

"Conhecia-a bem?"

Judas responde: "Ela era como uma irmã para a Sua mãe. Não é meu amigo?"

"Sim", Diz Jesus, simplesmente.

"Eu entendo" diz o dono do hotel, que se torna pensativo. Jesus inclina-se para a frente para falar com Judas, em voz baixa.

" O meu amigo gostaria de ir àquelas ruínas", diz Judas.

"Deixe-o ir! Eles pertencem a toda a gente!"

Eles voltam ao piso de baixo, dizem adeus e saem deixando o Senhorio que tinha esperança de ganhar alguma coisa, desapontado.

Eles atravessam a praça e sobem a pequena escada sobre as ruínas da casa de Ana e para o patamar que é de cerca de dois metros mais alto. Jesus está de pé contra a parede pequena. A partir da praça, Sua figura é claramente delineada contra o sol que brilha atrás dele, formando um halo em torno de seu cabelo dourado e sobre a sua túnica branca como neve. O Seu manto caiu dos seus ombros e agora encontra-se aos seus pés, como um pedestal de várias cores.

"A partir daqui", diz Jesus: "Minha mãe pegou na minha mão e fez-me acenar para os Três Reis Magos, e viajámos para o Egito."

As pessoas olham para os quatro homens sobre as ruínas e perguntam: "Eles são familiares de Ana?"

"Eles são amigos."

"Não faça mal á pobre mulher..." uma mulher grita "... não o faça, como outros fizeram quando ela estava viva, e, em seguida, fugiu."

Jesus está de pé no patamar encostado ao muro, e o fundo arruinado que antes era a horta de Ana está agora cheio de detritos. O contorno de sua figura é claramente visível contra o sol brilhando por trás dele: ele forma uma auréola em torno de seu cabelo dourado, que faz a sua túnica de linho branco parecer ainda mais branco, pois é a única peça que veste, já que seu manto caiu aos seus pés e está agora deitado como um pedestal multicolorido.

Jesus estende os braços, mas quando Judas vê o gesto que ele diz: "Não fale! Não é sábio!"

Mas a voz poderosa de Jesus enche a praça: "Homens de Judá! Homens de Belém, ouçam! Mulheres da terra sagrada de Raquel, ouçam! Ouçam Aquele que descende de Davi, e por ter sofrido com perseguições, tornou-se digno de falar, e está falando com vocês para lhes trazer a luz e conforto. Ouçam."

As pessoas param os gritos, discussões e compras e reúnem-se.

"Ele é um rabino!"

"Certamente vem de Jerusalém."

"Quem é ele?"

"Que homem bonito!"

"E que voz!"

"E que atitude!"

"Claro, ele é descendente de David!"

"Ele é um dos nossos então!"

"Vamos ouvi-lo!"

A multidão recolhe-se perto da pequena escada.

"Em Gênesis, é dito: "Eu irei vos fazer inimigos um do outro: tu e a mulher: Ela te esmagará a cabeça e tu lhe ferirás o calcanhar. "Também é dito:" Eu vou multiplicar o seu sofrimento na gravidez... e o solo deve brotar silvas e ervas daninhas. "Essa foi a sentença contra homem, mulher e a serpente. Eu vim de longe para venerar o túmulo de Raquel, e com a brisa da noite, no orvalho da noite, na canção melancólica manhã do rouxinol, Eu ouvi os soluços de Raquel, ainda repetidos por muitas mães de Belém, dentro dos seus sepultos ou dentro dos seus corações. E ouvi o rugido da tristeza de Jacob, a dor dos maridos privados de suas esposas... Eu choro com vocês... Mas ouçam, irmãos de minha terra. Belém; a terra abençoada, a menor das cidades de Judá, mas o maior aos olhos de Deus e da humanidade, despertou o ódio de Satanás, porque foi o berço do Salvador, como diz Miquéias, destinado a ser o local em que a Glória de Deus, o Fogo de Deus, o Seu Amor encarnado foi para descansar.

"Eu vou fazer-vos inimigos um do outro: o homem e a mulher; Ela te esmagará a cabeça e tu lhe ferirás o calcanhar." Há maldade maior do que aquela que visa as crianças de uma mãe, mesmo no coração de uma mulher? E qual calcanhar é mais forte do que a Mãe do Salvador? A vingança da derrota de Satanás foi, portanto, uma pessoa singular: ele não atacou o calcanhar, mas os corações das mães, por causa da mãe.

Oh! A dor foi multiplicada quando as crianças foram perdidas depois de recém-nascidas! Oh! Grande era a dificuldade de ser pai sem filhos! E ainda assim, Belém, alegrem-se! O Seu sangue puro, o sangue dos inocentes preparou um caminho de chamas para o Messias..."

À menção do Salvador e da Mãe, a multidão tornou-se cada vez mais turbulenta e agora está mostrando claros sinais de agitação.

"Pare, Mestre. Vamos", diz Judas.

Mas Jesus continua: "... para o Messias, a Graça de Deus-Pai livra o povo de tiranos e lhes dá a salvação e..."

A voz estridente de uma mulher gritando histericamente interrompe o sermão: "Cinco, cinco dei à luz, e nenhum está agora em minha casa. Pobre de mim!"

O tumulto começa.

Outra mulher, rola na poeira, ela rasga o vestido e mostra um seio mutilado, gritando: "Aqui, aqui neste seio eles mataram meu filho primogênito! A espada cortou-lhe a face e o meu mamilo ao mesmo tempo. Oh! meu Ellis!"

"E quanto a mim! Quanto a mim? Não é o meu palácio real. Três túmulos em um: meu marido e filhos juntos. Não, não! Se existe um Salvador, que Ele me devolva meus filhos, meu marido, que me salve deste desespero, do demónio!"

Todos eles gritam: "Nossos filhos, nossos maridos, nossos pais! Deixe que Ele lhes dê o troco, se Ele existe!"

Jesus abre os Seus braços impondo o silêncio.

"Irmãos da minha terra: Eu gostaria de lhe dar de volta os seus filhos, na sua carne. Mas eu lhes digo: ser bom, ser renunciado, perdoar, ter esperança, nos gloriamos na esperança e nos gloriamos em uma certeza: em breve vocês terão os seus filhos, os anjos no céu, porque o Messias está prestes a abrir as portas do céu, a morte será uma nova vida e um novo amor..."

"Ah! És tu o Messias? Em nome de Deus, diga-nos."

Jesus abaixa os Seus braços em tão doce e gentil gesto como se estivesse abraçando todos eles, e Ele diz:

"'Sim, eu sou."

"Vá embora! Vá embora! A culpa é sua, então!" Há assobios e vaias, que fluem no vento.

Judas reagindo instintivamente, corre para a frente de Jesus, de pé sobre o muro baixo do patamar, com o seu manto bem aberto e destemido, ele protege Jesus das pedras. A pedra acerta Judas no rosto, vê-se sangue, mas ele grita para João e Simão: "Levem Jesus para longe". Por trás dessas árvores. Eu vou depois. Vá, em nome do Céu!" E ele grita para a multidão: "Cães loucos! Eu sou do Templo e vou denunciá-los ao Templo e a Roma."

Por um momento, a multidão tem medo. Em seguida, a chuva de pedras retoma de uma só vez, mas, felizmente, acaba. E Judas, destemido, pega em uma pedra que tinha caído junto dele e atira de volta acertando na cabeça de um homem velho que está gritando. Judas também responde com linguagem ofensiva para a multidão.

Quando a multidão tenta subir até o seu pedestal, ele rapidamente agarra um ramo do solo, e sem piedade bate sobre as costas, cabeças e mãos. Alguns soldados correm para o local e abrem caminho com as suas lanças através da multidão: "Quem é você? O que causou a discussão?"

"Eu sou da Judeia e eu fui atacado por esses plebeus. Um rabino, bem conhecido dos sacerdotes, estava comigo. Ele estava a falar com estes cães. Mas eles tornaram-se selvagens e atacaram-nos."

"Quem é você?"

"Judas de Kerioth, eu era um homem do Templo. Agora, eu sou um discípulo do rabino Jesus da Galileia e um amigo de Simão, o fariseu, de Joanã, saduceus, e de José de Arimatéia, o conselheiro do Sinédrio, e, finalmente, de Eleaza, grande amigo do procônsul, e você pode confirmar."

"Eu irei. Para onde vai?"

"Estou irei para Queriot com o meu amigo, depois para Jerusalém."

"Vá. Vamos protege-lo até lá."

Judas entrega algumas moedas ao soldado. É ilegal... Mas muito comum, porque o soldado leva-os de forma rápida e cautelosamente. Judas salta para o campo até chegar aos seus companheiros.

Sigam-me

"Magoaste-te seriamente?"

"Não, não é nada, Mestre! De qualquer das formas, por Si... Eu dei-lhes troco. Eu devo estar coberto de sangue..."

"Sim, na sua bochecha. Há um riacho aqui."

João humedece um pequeno pedaço de pano e limpa rosto de Judas.

"Sinto muito, Judas... Mas vê... Dizer-lhes que somos Judaicos, de acordo com o teu bom senso prático..."

"Eles são bestas. Eu creio que Está convencido, Mestre. E eu espero que você insistia mais..."

"Oh! Não! Não é porque eu tenho medo. Mas porque é inútil, só agora. Quando não somos bem-vindos, não devemos amaldiçoá-los, mas desistir orando para os pobres, as pessoas tolas, que morrem de fome e não podem comer Pão. Vamos ao longo deste caminho por fora da estrada, até os pastores, se é que podemos encontrá-los. Acho que poderemos fazer caminho para Hebrom..."

"Para sermos apedrejados?"

"Não. Para dizer-lhes: "Eu estou aqui.""

"O quê?... é certo que irão agredir-nos. Eles têm sofrido durante trinta anos por Sua causa"

"Vamos ver".

E eles desaparecem para uma floresta fria e escura.

Jesus E Os Pastores Elias, Levi E José

As colinas ficam cada vez mais altas e as florestas cada vez mais densas á medida que se afastam de Belém até chegarem a uma verdadeira cadeia de montanhosa. Jesus, subindo na frente, olha em silêncio ansioso por encontrar algo. Ele ouve mais as vozes na floresta, á parte das dos apóstolos que estão a poucos metros atrás dele, e ouve-as conversando. Ele consegue ouvir o som de sinos e sorrisos no vento e, em seguida, volta-se, e diz: "Ouço sinos de ovelhas."

"Sim, Mestre?"

"Eu acho que estão próximas. Mas a floresta impede-me a visão."

Por causa do calor, os apóstolos tiraram os seus mantos, enrolaram-nos e estão agora transportando-os nas suas costas. Sem outra palavra, João tira também a sua túnica exterior e agora, apenas com a sua túnica interna, ele abraça um tronco liso e alto se sobe... até que conseguiu ver.

"Sim, Mestre. Há muitos rebanhos e três pastores ali, atrás daquela moita."

Sigam-me

Ele volta para baixo e eles procedem, com certeza do seu caminho.

"Será que são eles?"

"Vamos perguntar, Simão, e se não foram eles, eles nos dirão alguma coisa... Eles conhecem-se".

Depois de cerca de uma centena de metros, eles aparecem em um grande pasto verde totalmente cercado por gigantescas árvores muito antigas e muitas ovelhas pastando na erva grossa do prado ondulante. Há também três homens, vigiando as ovelhas: Um velho de cabelo totalmente branco, um segundo homem de cerca de trinta anos e o terceiro de cerca de quarenta anos de idade.

"Tenha cuidado, Mestre. Eles são pastores..." Adverte Judas, quando vê Jesus apressando o passo.

Mas, sem responder a Judas, Jesus apressa-se com sua túnica alta e bonita de cor branca e com o sol se pondo na frente Dele, Ele parece um anjo.

"Que a paz esteja convosco Meus amigos". Cumprimenta Jesus ao se aproximar do prado.

Os três homens viram-se, surpreendidos. Há uma pausa silenciosa... E, em seguida, o homem mais velho pergunta:

"Quem é Você?"

"Aquele que o ama"

"Seria o primeiro de tantos anos. De onde é?"

"De Galileia."

"Da Galileia? Oh!" O homem olha para ele com cuidado... e os outros dois se aproximam.

"De Galileia" repete o pastor. E, em voz muito baixa, como se falasse consigo mesmo, ele acrescenta "Ele veio da Galileia, também" em voz alta mais uma vez o pastor pergunta novamente "De que cidade, meu Senhor?"

"De Nazaré".

"Oh! Bem, diga-me. Houve um filho chegou a Nazaré, uma criança com uma mulher cujo nome era Maria e um homem chamado José, uma criança, que era ainda mais bonita do que sua mãe, tão bonita que eu nunca flor mais bonita nas encostas do Judá? Um Menino nascido em Belém de Judá, no momento do edital? Uma criança que depois fugiu para o mundo. Uma criança, oh! Eu daria a minha vida só para saber se ele está vivo... Ele deve ser um homem."

"Por que dizes que a Sua fuga foi uma grande sorte para o mundo?"

"Porque Ele era o Salvador, o Messias, e Herodes queria-o morto. Eu não estava lá quando Ele fugiu com o pai e a mãe. Quando soube do massacre eu voltei... Porque também eu tinha filhos (chorando), meu Senhor, e uma esposa... (chorando), e eu ouvi que eles tinham sido mortos (chora de novo), mas eu juro por o Deus de Abraão, eu tinha mais medo por ele do que pela minha própria família - ouvi dizer que ele tinha fugido e eu não consegui nem perguntar; Eu não podia sequer reaver os corpos da minha família... Eles atiraram pedras, como

fazem com os leprosos e pessoas impuras, trataram-me como um assassino... E eu tive que me esconder na mata, e viver como um lobo... Até que encontrei um Mestre. Oh! Ele não é como Ana... Ele é duro e cruel... Se uma ovelha se magoa, se um lobo ataca um cordeiro, ele bate-me até sangrar ou ele fica com o meu salário, e eu tenho que trabalhar na floresta para outras pessoas, eu preciso de fazer alguma coisa, para lhe pagar três vezes mais.
Mas isso não importa. Eu sempre disse ao Altíssimo: "Deixe-me ver o seu Messias, pelo menos deixe-me saber que Ele está vivo, e tudo o resto não é nada. "Meu Senhor, eu já lhe disse como as pessoas em Belém me trataram, e como os meus Mestres me tratam. Eu poderia ter pago de volta com dinheiro, eu poderia ter-lhes feito mal, roubado para não sofrer pelas mãos do meu Mestre. Mas eu preferi sofrer, para perdoar, para ser honesto, porque os anjos disseram: "Glória a Deus no mais alto dos céus e paz na terra aos homens de boa vontade."

"Foi que eles disseram?"

"Sim, meu Senhor. Tem que acreditar, pelo menos você, que é bom. Você deve conhecer e acreditar que o Messias nasceu. Ninguém acreditaria. Mas os anjos não mentem... E não estavam bêbados, como disseram. Este homem aqui, era um menino na época, e ele foi o primeiro a ver o anjo. Ele bebeu, mas leite. Pode leite embebedar uma pessoa? Os anjos disseram: «Hoje, na cidade de Davi, o Salvador nasceu, Ele é Cristo, o Senhor. E aqui é um sinal para si. Vai encontrar um Menino envolvido em panos e deitado numa manjedoura."

"Eles disseram exatamente isso? Será que não entendeu

mal? Não estará enganado, depois de tanto tempo?"

"Oh! Não! È verdade não é, Levi? Para não esquecer, - não poderia esquecer em qualquer caso, porque eram palavras celestes e foram escritas nos nossos corações com um fogo celestial - todas as manhãs, todas as noites, quando o sol nasce, quando a primeira estrela começa a brilhar, nós repetimos como uma oração, como uma bênção, para ter força e conforto em seu nome e em sua mãe."

"Ah! Disseste: "Cristo?"

"Não, meu Senhor. Nós dizemos: "Glória a Deus no mais alto dos céus e paz na terra aos homens de boa vontade, por meio de Jesus Cristo, que nasceu de Maria em um estábulo em Belém, e que, envolto em panos, deitou na sua manjedoura, Ele que é o Salvador do mundo."

"Mas, quem procura?"

"Jesus Cristo, o Filho de Maria, o Nazareno, o Salvador."

"Esse sou Eu." E Jesus está radiante ao se revelar aos seus fiéis e pacientes amantes.

"Você! Oh! Senhor, Salvador, Nosso Jesus!" Os três homens ajoelham-se beijam os pés de Jesus, chorando de alegria.

"Levantem-se. Levantem-se. Elias e tu, Levi e tu, cujo nome eu não sei".

"José, filho de José".

"Estes são meus discípulos, João, um Galileu, Simão e

Judas, Judaicos."

Os pastores não estão mais no chão, mas ainda ajoelhado, pousando os seus calcanhares. E assim, eles adoram o Salvador com os olhos amorosos e lábios trêmulos, enquanto seu rosto fica pálido e corado com alegria. Jesus senta-se na erva.

"Não, meu Senhor. Você, o rei de Israel, não deve sentar-se na erva".

"Não se preocupem, meus queridos amigos. Eu sou pobre. Um carpinteiro. Apenas sou rico em amor ao mundo, e no amor que recebo de pessoas boas. Eu vim para ficar com vós, para partilhar a refeição da noite convosco e dormir ao vosso lado no feno, e ser consolado por vós..."

"Oh! Conforto! Estamos amaldiçoados e somos perseguidos".

"Eu sou perseguido também. Mas dás-me o que eu procuro: amor, fé e esperança, uma esperança que vai durar anos e florear. Vê? Esperaste por mim e acreditaste sem a menor dúvida, que eu era o Messias. E eu vim por ti."

"Oh! Sim! Você veio. Agora, mesmo se eu morrer eu não vou ficar triste por esperar em vão".

"Não, Elias. Irás viver até o triunfo de Cristo e após. Viste o meu amanhecer, vais ser a minha glória. E quanto aos outros? Vocês doze: Elias, Levi, Samuel, Jonas, Isaque, Tobias, Jonathan, Daniel, Simeão, João, José, Benjamim. A Minha Mãe sempre falava sobre vós. Porque foram os meus primeiros amigos"

"Oh!" Os pastores estão cada vez mais emocionados.

"Onde estão os outros?"

"O velho Samuel morreu de velhice cerca de vinte anos atrás. José foi morto porque ele lutou á porta da prisão para dar tempo de escapar á sua esposa, que tinha acabado de dar á luz, para escapar com este homem, que levei comigo por causa do meu amigo... Também para ter a companhia de crianças. Trouxe Levi comigo também... Ele foi perseguido. Benjamim é pastor no Líbano com Daniel. Simeão, João e Tobias, que agora quer ser chamado de Mateus em memória de seu pai, que também foi morto, são discípulos de João.
Jonas trabalha na planície de Esdrelon para um fariseu. Isaque sofre das costas. Ele vive em extrema pobreza, sozinho no Jutá. Nós ajudá-lo o máximo que pudermos, mas todos fomos duramente atingidos e a nossa ajuda é como gotas de orvalho em um incêndio. Jonathan é agora servo de um dos grandes homens de Herodes."

"Como é que você, e, particularmente, Jonathan, Jonas, Daniel e Benjamin obtiveram esses empregos?"

"Lembrei-me do seu familiar Zacarias... A Sua mãe tinha-me enviado a ele. Quando estávamos nos desfiladeiros da montanha na Judeia, fugitivos e amaldiçoados, levei-os para ele. Ele era bom para nós. Ele abrigou-nos e alimentou-nos. E ele encontrou trabalho para nós. Ele fez o que podia. Eu já tinha levado todo o rebanho de Ana para a Herodes... E eu fiquei com ele... Quando o Batista cresceu começou a pregar, Simeão, João e Tobias foram até ele."

"Mas agora o Batista está na cadeia".

"Sim, e eles estão vigiando perto de Machaerus, com algumas ovelhas, para evitar suspeitas. Eles receberam as ovelhas de um homem rico, um discípulo do seu familiar João."

"Eu gostaria de vê-los a todos."

"Sim, meu Senhor. Vamos e dizemos: "Vinham, Ele está vivo. Ele se lembra de nós e nos ama".

E Ele quer que sejam Seus amigos".

"Sim, meu Senhor".

"Mas vamos primeiro a Isaque. E onde foram Samuel e José enterrados?"

"Samuel em Hebron. Ele permaneceu ao serviço de Zacarias. José... Não tem túmulo. Ele foi queimado junto com a casa".

"Ele não está mais no fogo cruel, mas nas chamas do amor de Deus e em breve estará em Sua glória. Eu digo-lhe, e, particularmente, tu, José, filho de José. Vem cá, para que eu te possa beijar e agradecer a seu pai."

"E os meus filhos?"

"Eles são os anjos, Elias. Anjos que vão cantar sobre a "Gloria", quando o Salvador for coroado."

"Rei?"

"Não, Redentor. Oh! Em uma procissão de apenas pessoas e santos! E na frente, haverá as falanges brancas e roxas dos mártires! Assim que os portões do Limbo forem abertos, vamos subir juntos para o Reino eterno. E então irás e vais encontrar os seus pais, mães e filhos no Senhor! Acreditem em mim".

"Sim, meu Senhor."

"Chama-me: Mestre. Está ficando escuro, a primeira estrela da noite já brilha. Diga a Sua oração antes da ceia."

"Não eu. Faz tu isso, por favor."

Os discípulos e pastores permanecem ajoelhados, enquanto Jesus se levanta e com os braços estendidos, Ele reza:

"Glória a Deus no mais alto dos céus e paz na terra aos homens de boa vontade que mereciam ver a Luz e servi-la. O Salvador está entre eles. O Pastor da linhagem real está com o Seu rebanho. A estrela da manhã levantou. Alegrem-se! Alegrai-vos no Senhor. Aquele que fez as abóbadas do céu as pintou com estrelas, que colocou os mares nos limites da terra, que criou ventos e orvalho, e criou as quatro estações para dar pão e vinho aos Seus filhos, Ele agora lhe envia um alimento mais sublime: o Pão vivo que desce do Céu, o Vinho da vinha eterna. Vinde até mim, vós que sois os primeiros dos meus fiéis. Venham conhecer o Pai Eterno, na verdade, para segui-Lo em sua santidade e receber a recompensa eterna."

Os pastores oferecem pão e leite, e como há apenas três abóboras, partiras e vazas, utilizadas como tigelas, Jesus é o primeiro a comer, com Simão e Judas. Então, João, a quem Jesus entrega o seu copo, com Levi e José. Elias é o último.

As ovelhas pararam de pastar e estão agora reunidas em

um grupo compacto, talvez, à espera de ser levadas de volta. Os três pastores levam as ovelhas para a floresta, para uma cabana rústica feita com galhos e cercada por cordas. Então, fazem camas de feno para Jesus e os seus discípulos, e acenderam fogueiras para manter animais selvagens á distância.

Judas e João deitam-se e adormecem rápido, pois estavam cansados. Simão, gostaria de continuar na companhia de Jesus, cai também no sono, sentando-se no feno encostado a um poste.

Jesus permanece acordado com os pastores e eles falam sobre José, Maria, a fuga para o Egito, o seu retorno... E, depois de tais questões sobre a amizade amorosa, os pastores fazem perguntas mais nobres como o que eles podem fazer para servir a Jesus? Como eles, pobres pastores, poderiam fazer alguma coisa?

E Jesus ensina-os e explica: "Agora eu vou passar pela Judeia. Os Meus discípulos irão manter contato convosco o tempo todo. Mais tarde Eu irei deixar vocês irem. Enquanto isso, fiquem juntos. Certifiquem-se de que todos vocês estão em contato uns com os outros e que todos saibam que eu estou aqui, neste mundo, como Mestre e Salvador. Deixem que todos saibam, façam o melhor que podem. Eu não posso prometer que todos irão acreditar. Eu tenho sido insultado e agredido. Eles vão fazer o mesmo convosco.

Mas se têm mantido fortes e justos nas vossas longas esperas, continuem assim, agora que são Meus. Amanhã, iremos em direção Jutá. Depois para Hebron. Poderão vir?"

"Claro, nós podemos. As estradas pertencem a todos e as pastagens a Deus. Apenas Belém é proibido por um ódio injusto. As outras aldeias sabem... Mas eles insultam-nos, chamando-nos de "Beberrões". Assim, não serei capaz de fazer muito aqui".

"Vou colocar-te em outro lugar. Não te irei abandonar."

"Para o resto da nossa vida?"

"Por toda a minha vida".

"Não, Mestre, eu vou morrer primeiro. Eu sou velho."

"Achas mesmo? Eu não. Uma das primeiras caras que vi, Elias, foi a tua. Também irá ser um dos últimos. Vou levar-te comigo, gravado nos meus olhos, a imagem do teu rosto perturbado pela tristeza da minha morte. Mas depois, irás encontrar um tesouro no teu coração, a lembrança da alegria de uma manhã triunfal e, assim, esperar a morte... A morte: a reunião eterna com Jesus, a quem adoravas quando ele era um bebê. Além disso, os anjos cantam a Gloria: "para o homem de boa vontade".

Jesus Em Jutá Com O Pastor Isaque

É de manhã cedo e o tilintar prateado de uma corrente enche o vale. As suas águas espumosas fluem para o sul entre as rochas, espalhando a sua frescura para as pequenas pastagens ao longo de seus bacios, mas sua humidade parece subir sobre as colinas verdes, a partir do solo para a direita através dos arbustos e chegando até o topo das árvores altas da floresta, dando origem a belos tons variados de verde esmeralda. Na floresta vê-se muitos espaços verdes cobertos de erva grossa que proporciona uma pastagem saudável aos rebanhos.

Jesus caminha em direção à corrente com os seus discípulos e os três pastores e agora e novamente, ele pára pacientemente para esperar uma ovelha que foi deixada para trás ou por um pastor que correu atrás de um cordeiro que se perdeu - O Bom pastor, Ele consegui um longo galho para limpar o seu caminho, vegetação que aparece em todas as direções. As suas peças de vestuário e o cajado completam a Sua figura pastoral.

"Vêm? Jutá está lá em cima. Vamos atravessar a corrente; Há um vau, que é muito útil no verão, sem necessidade de utilizar a ponte. Teria sido mais rápido se

fossemos por Hebron. Mas Você não quis."

"Não. Iremos para Hebron mais tarde. Devemos sempre ir primeiro para àqueles que sofrem. Os mortos não sofrer por mais. E Samuel era um homem justo. E se os mortos precisarem das nossas orações, não é necessário estar perto dos seus ossos para orar por eles.
Ossos? O que eles são? A prova do poder de Deus, que fez o homem com o pó. Nada mais.
Também os animais têm ossos. Mas os esqueletos de todos os animais não são tão perfeitos como o esqueleto de um homem. Somente o homem, o rei da criação, tem uma posição ereta, como um rei sobre seus súditos, e seu rosto fica em linha, sem ter de torcer o pescoço; O Homem olha para cima, em direção á Morada do Pai.
Mas eles ainda são ossos. A poeira que irá retornar à poeira. A recompensa eterna decidiu reuni-los novamente no Dia eterno para dar uma alegria ainda maior às almas abençoadas. Imaginem só: não só as almas serão reunidas. Não só estas se amarão umas às outros como, ou mais, do que o que amaram na terra, mas irão se alegrar também ver um ao outro com as mesmas características que tinham na terra: filhos amados de cabelos encaracolados, como a sua, Elias, pais e mães com corações amorosos e faces como as suas Levi e José. Mas no teu caso José, será o dia em que finalmente irás ver os rostos que se fazem sentir nostalgia. Não haverá mais órfãos ou viúvas entres os justos lá em cima...

Orações para os mortos podem ser feitas em qualquer lugar. É a oração de uma alma para a alma de um parente para o Espírito Perfeito, que é Deus, que está em toda parte. Oh! Sagrada liberdade espiritual! Não há distâncias, exílio ou prisões, nem túmulos... Não há nada

que possa dividir ou restringir. Te encontrarás com o teu melhor com os teus entes queridos. E eles se encontrarão com contigo, também o seu melhor.
E toda a efusão das almas amadas vai girar em torno do Eterno Sustento, em torno de Deus: o Espírito perfeito, o Criador de tudo, que foi, é e será, o amor que te ama e ensina a amar...

Mas aqui estamos no vau. Eu consigo ver uma fileira de pedras que emergem na superfície".

"Sim, Mestre, não está ninguém lá. Na época das cheias, surge uma cascata. Agora há sete riachos fluindo placidamente entre as seis grandes pedras do vau."

Eles chegam ao cruzamento onde seis grandes pedras de corte quadrado estão colocadas à distância de um pé de umas das outras até ao outro lado da corrente, e a água que atinge as pedras forma uma espuma. A Agua divide-se em 7 correntes menores que correm alegremente para até de reunirem de novo para além do vau, para mais uma vez formar uma corrente fresca que flui, balbuciando entre as pedras.

Os pastores assistem primeiro as ovelhas a atravessar, algumas caminham sobre as pedras, outras preferem atravessar a corrente, que é apenas de um pé de profundidade e bebem a água pura.

Jesus atravessa nas pedras seguido por seus discípulos e eles retomam a pé na outra margem.

"Você disse quer informar Isaque está aqui, mas não quer ir para a aldeia?"

"Sim, é isso que eu quero."

"Bem, é melhor separarmo-nos. Eu irei com ele, Levi e José vão ficar com o rebanho e com o Senhor. Eu vou por aqui. Vai ser mais rápido."

E Elias começa a subir o lado da montanha, em direção às casas brancas, que brilham intensamente com a luz do sol.
Ele chega às primeiras casas e aproxima-se de um pequeno caminho entre casas e hortas e anda assim por cerca de dez metros e, em seguida, entra em uma estrada mais larga até à praça.
O mercado da manhã ainda está na praça e as donas de casa e vendedores estão gritando sob a sombra das árvores.

Sem parar, Elias vai até ao fim da praça, até que uma rua atraente começa, com uma casa, ou melhor, um quarto com a porta aberta. Quase no seu limite, em uma pequena cama, encontra-se um homem doente emagrecido pedindo esmolas em uma voz melancólica. Elias corre para dentro.

"Isaque... sou eu"

"Tu? Eu não estava á tua espera. Estiveste aqui o mês passado."

"Isaque... Isaque... Sabes porque vim?"

"Não, eu não... Estás animado. O que está a acontecer?"

"Eu vi Jesus de Nazaré, Ele é um homem agora, um rabino. Ele procurou-me... e Ele quer ver-nos. Oh! Isaque! Não estás bem?"

Isaque, de fato, caiu para trás como se estivesse a

morrer. Mas ele diz: "Não. Esta notícia... Onde ele está? O que ele gosta? Oh! Se eu pudesse vê-Lo!".

"Ele está no fim do vale. Ele enviou-me para te dizer exatamente isto: "Vem, Isaque, porque eu quero vê-lo e abençoá-lo". Eu vou pedir a alguém para me ajudar e eu vou-te levar para baixo".

"Foi isso que Ele disse?"

"Sim, foi. Vens?"

"Vou."

Isaque tira os cobertores, ele move as pernas paralisadas, coloca-as para fora do colchão de palha, coloca os pés no chão, e levanta-se, ainda um pouco hesitante e trêmulo. Tudo acontece num instante, sob os olhos bem abertos de Elias... Que finalmente entende e começa a gritar... Uma mulher olha com curiosidade. Ela vê o homem doente levantar-se e a cobrir-se com um dos cobertores, já que ele não tem mais nada, e foge, gritando como um louco.

"Vamos... Desta forma, será mais rápido e não vai chamar atenção da multidão... Rápido, Elias." Eles correm através de uma pequena porta de uma horta nas costas, empurram a porta feita de galhos secos e uma vez fora, eles correm ao longo de um caminho estreito e sujo, até uma pequena estrada junto às hortas e, finalmente, através dos prados e moitas, até à corrente.

"Ali está Jesus", diz Elias, apontando para Ele – A um homem alto e bonito, com cabelos claros, com uma túnica branca e manto vermelho...

Isaque corre, ele passa pelo pastoreio de ovinos, e com um grito de triunfo, alegria e adoração, ele se ajoelha aos pés de Jesus.

"Levanta-te, Isaque. Eu vim. Para lhe trazer a paz e bênçãos. Levanta-te, para que Eu possa ver o teu rosto".

Mas Isaque não consegue levantar-se, não consegue superar o entusiasmo e permanece prostrado, com o rosto no chão, gritando alegremente.

"Vieste de uma só vez. Nem te preocupas-te se podias ou não..."

"Pediu que viesse... E eu vim".

"Ele nem sequer fechou a porta ou coletou as esmolas, Mestre".

"Não importa. Os anjos vão vigiar a tua. Estás feliz, Isaque?"

"Oh! Meu Senhor!"

"Chama-me Mestre".

"Sim, meu Senhor, meu Mestre. Mesmo se não me tivesse curado, eu teria ficado feliz em o ver. Como pude encontrar tanta Graça Consigo?"

"Por causa da tua fé e paciência, Isaque. Eu sei o quanto sofreste..."

"Nada! Nada! Não importa! Eu o encontrei. Você está vivo. Você está aqui. Isso é o que importa. O resto, todo o resto é passado. Mas, meu Senhor e meu Mestre, não está indo embora mais, certo?"

"Isaque, eu tenho toda a Israel para evangelizar. Eu vou... Mas se eu não puder ficar, tu podes sempre servir e seguir-me. Queres ser meu discípulo, Isaque?"

"Oh! Mas eu não sou capaz!"

"Podes contar quem eu sou? Contra vaias e ameaças? E dizer às pessoas que eu te chamei e que vieste?"

"Mesmo que não quisesse, eu iria confessar tudo. Eu iria desobedece-lo, Mestre. Perdoe-me por dizer isto".

Jesus sorri. "Vês então que és capaz de te tornar um discípulo!"

"Oh! Se isso é tudo o que tenho que fazer! Eu pensei que era mais difícil, que tinha que ir para a escola com os rabinos para aprender a servi-lo, o rabino dos rabinos... e ir para a escola com a minha idade..." O homem, de fato, deve ter pelo menos 50 anos de idade.

"Já fez a tua escolaridade já, Isaque."

"Eu? Não."

"Sim, fizeste. Não continuaste a acreditar e amar, a respeitar e bendizer a Deus e ao próximo, para não ter inveja, não querer o que pertence a outras pessoas, e até mesmo o que era teu próprio e você já não possuía, para falar somente a verdade, mesmo que seja prejudicial para ti, não se associar com Satanás e não cometer pecados? Não fizeste todas estas coisas, nos últimos trinta anos de desgraças?"

"Sim, Mestre."

"Então, fizeste a tua escolaridade. Vai e fá-lo e, além disso, revela ao mundo que eu estou no mundo. Não há mais nada a ser feito."

"Eu já tenho pregado, Senhor Jesus. Eu preguei para as crianças, que costumavam vir quando cheguei coxo nesta aldeia, pedindo pão e fazendo algum trabalho, tais como corte e trabalho de laticínios, e as crianças costumavam vir em volta da minha cama, quando eu comecei a piorar e fiquei paralisado da cintura para baixo. Eu falei de Si para os filhos de várias gerações, e os filhos dos tempos atuais, que são os filhos dos anteriores... As crianças são boas e sempre acreditam... Eu contei-lhes do Seu nascimento... Dos anjos... Da Estrela e dos Reis Magos... E de sua mãe... Oh! Diga-me! Ela está viva?"

"Ela está viva e ela envia os seus cumprimentos. Ela sempre falou de vocês todos."

"Oh! Se eu pudesse vê-la!"

"Irás vê-la. Virás para minha casa um dia. Maria vai cumprimentar-te dizendo: "Meu amigo."

"Maria... Sim, quando você pronuncia esse nome, é como encher a boca com mel... Há uma mulher em Jutá, ela é uma mulher agora, ela teve seu quarto filho há pouco tempo, mas quando ainda era uma garotinha, uma das minhas amigas... ela chamou os seus filhos: Maria e José os dois primeiros, e, mas não se atreveu a chamar o terceiro Jesus, então chamou-o de Emanuel, como um bom presságio para si mesma, sua casa e Israel. E ela agora está a pensar em um nome para dar ao seu quarto filho, nascido há seis dias. Oh! Quando ela souber que estou curado! E que está aqui! Sara é tão gentil como o pão caseiro, e o seu marido, Joaquim, tão gentil. E os seus familiares? Devo-lhes a minha vida. Eles sempre me ajudaram e me deram abrigo."

"Vamos, podemos pedir-lhes hospitalidade durante as horas mais quentes do dia e abençoá-los pela sua caridade."

"Por aqui, Mestre. É mais fácil para as ovelhas e vamos evitar as pessoas, que estão certamente agitas. A velha, que me viu levantar, terá certamente dito á multidão."

Eles seguem a corrente indo mais a sul, para tomar um caminho íngreme ao longo da montanha em forma de proa de um navio, movendo-se na direção oposta à corrente agora correndo ao longo de um belo vale irregular formada pela intersecção de duas cadeias de montanhas.

Uma pequena parede de pedra seca marca os limites da propriedade que desce em direção ao vale. No prado, há maçãs, figos e nogueiras, uma horta com um poço, canteiros de flores e, mais adiante, uma casa branca rodeada por ervas verdes, com uma asa saliente que protege a escada e forma uma varanda.

Ouve-se imensos gritos vindo da casa.

Andando na frente, Isaque entra e chama em voz alta: "Maria, José, Emanuel! Onde estão? Venham até Jesus."

"Três pequeninos: uma menina de cerca de cinco anos, e dois meninos, cerca de quatro e dois anos de idade, correm até Isaque, o mais jovem ainda um tanto incertos sobre as suas pernas. Eles ficam pasmos de ver o homem... revivido. Em seguida, a menina grita: "Isaque!

Mamãe! Isaque está aqui! Judith estava certo."

Uma linda mulher castanha, de aspeto fresco, sai de uma sala barulhenta, ainda mais bonita no seu melhor vestido: um vestido de linho branco-neve, com uma camisa caindo em dobras até os tornozelos. É amarrado em sua cintura bem torneada com um xale listrado multi-colorido que cobre os seus maravilhosos quadris caindo em franjas até os joelhos na parte de trás. Na frente, a camisa é amarrada por baixo da fivela filigrana e suas extremidades estão soltas.

Um véu decorado com ramos de rosas em um fundo bege é preso as suas tranças pretas, como um pequeno turbante, e cai sobre o pescoço e em seguida, para os ombros e seios. Está apertado na cabeça por uma pequena coroa de medalhas amarrados por uma pequena corrente. Nas orelhas tem argolas pesadas, e a sua túnica é acabada perto do seu pescoço por um colar de prata que atravessa o seu vestido. Tem também pulseiras de prata em seus braços.

"Isaque! O que aconteceu? Judith... Achei que ela tinha enlouquecido... Mas está a andar! O que aconteceu?"

"O Salvador! Oh! Sarah! Ele está aqui! Ele chegou!"

"Quem? Jesus de Nazaré? Onde ele está?"

"Lá! Atrás da nogueira, e Ele quer saber se irás recebê-lo!"

"Joaquim! Mãe! Venham, todos vocês! O Messias está aqui!"

Mulheres, homens, meninos, pequeninos correm

gritando... Mas quando eles vêm Jesus, alto e imponente, eles perdem o coração e ficam petrificados.

"Paz a esta casa e para todos vocês. A paz e a bênção de Deus." Jesus caminha lentamente sorrindo em direção ao grupo. "Meus amigos: irão dar hospitalidade a este viajante?" E ele sorri ainda mais. Seu sorriso supera todos os medos. O marido diz: "Entra, Messias. Temos-lho amado mesmo antes de o conhecer. Amamos ainda mais depois de o conhecê-lo. A casa está comemorando hoje por três razões: por você, por Isaque e pela circuncisão do meu terceiro filho. Abençoe-o, Mestre. Mulher, traz o bebê! Entre, meu Senhor."

Eles vão para uma sala decorada para a festa. Há mesas com alimentos, tapetes e ramos em toda parte.
Sarah volta com um lindo bebê recém-nascido nos braços e apresenta-o a Jesus.

"Que Deus esteja sempre com ele. Qual é o seu nome?"

"Ainda não tem. Esta é a Maria, este é o José, e este é o Emanuel... Mas este ainda não tem nome..."

Jesus olha para os pais, que estão próximo um do outro, e sorri: "Encolham um nome, já que irá ser circuncisado hoje... "Eles olham-se, e olham para Ele, abrem a boca e fecham novamente sem dizer nada. Todos estão atentos.

Jesus insiste: "A história de Israel tem tantos grandes nomes, doces, bem-aventurados. Os mais doces e mais abençoados já foram dados. Mas talvez ainda existam alguns esquerdo."

Os pais gritam juntos: "O Seu, Senhor!" e a mãe acrescenta: "Mas é muito santo..."

Jesus sorri e pergunta: "Quando vai ser circuncidado?"

"Estamos á espera do médico".

"Eu vou estar presente na cerimônia. E durante esse tempo eu gostaria de agradecer pelo que têm feito pelo meu Isaque. Ele já não precisa da ajuda de pessoas boas. Mas as pessoas boas ainda precisam de Deus. Você chamou o seu terceiro filho de: Deus esteja connosco. Mas você tinha Deus consigo a partir do momento em que prestou caridade para com o meu servo.

Que você seja abençoada. Sua caridade será lembrada no céu e na terra."

"Isaque vai embora? Ele vai-nos deixar?"

"Isso a chateia? Mas ele deve servir ao seu Mestre. Mas ele voltará. Enquanto isso, você poderá falar do Messias… Há muito a ser dito para convencer o mundo! Mas aqui está a pessoa se tem esperado".

Um indivíduo pomposo entra com um servo. Há saudações e vénias. "Onde está a criança?" Pergunta ele de forma arrogante.

"Ele está aqui. Mas salve ao Messias. Ele está aqui".

"O Messias! Aquele que curou Isaque? Eu ouvi sobre isso. Mas… Vamos falar sobre isso depois. Estou com muita pressa. Mostre-me criança e diga-me o seu nome."

As pessoas presentes se ficam pasmas com as maneiras do homem. Mas Jesus sorri como se a falta de educação não fosse dirigida a ele. Ele leva o bebê, toca na sua pequena testa com os seus belos dedos, como se quisesse consagrá-lo e diz: "O nome dele é Jesai" e depois entrega-o de volta para o seu pai, que vai para outra sala com o homem arrogante e outras pessoas. Jesus fica onde está até que eles voltem com a criança, que está gritando desesperadamente.

"Mulher, dê-me a criança. Ele não vai chorar mais", diz Ele para confortar a mãe aflita. Na verdade, a criança, uma vez que ele é colocado sobre os joelhos de Jesus, torna-se silenciosa.
Jesus forma um grupo de sua autoria, com os pequenos em torno dele, e também os pastores e discípulos.
As ovelhas que Elias colocou em uma barraca estão berrando no exterior. Há o barulho de uma festa na casa. Eles trazem doces e bebidas para Jesus. Mas Jesus entrega-os aos mais pequenos.

"Mestre, não vai beber? Não vai comer? Nós oferecemos amavelmente".

"Eu sei, Joaquim, e aceito de todo o coração. Mas em primeiro lugar deixe-me fazer os pequenos felizes. Eles são a minha alegria..."

"Não deia atenção a esse homem, Mestre".

"Não, Isaque. Vou rezar para que ele possa ver a luz. João, leve os dois meninos para ver as ovelhas. E tu, Maria, aproxima-te e diz-me: Quem sou eu?"

"Você é Jesus, o Filho de Maria de Nazaré, nascido em Belém. Isaque viu-O e deu-me o nome da Sua Mãe, para que eu possa ser boa".

"Para seres como Ela, tens de ser tão boa como um anjo de Deus, mais puro que um lírio que floresce no topo de uma montanha. Vais ser assim?"

"Sim, Jesus, eu vou".

"Diga: Mestre ou Senhor, menina."

"Deixa-a chamar pelo meu nome, Judas. Só quando é proferido por lábios inocentes, ele não perde o som que ele tem na boca de minha mãe. Todas as pessoas do mundo, ao longo dos séculos futuros, vão mencionar esse nome, alguns por causa de um interesse ou outro, alguns para amaldiçoá-lo. Somente as pessoas inocentes, sem qualquer interesse ou qualquer ódio, irão pronunciá-lo com o mesmo amor como esta menina e minha mãe.

Também os pecadores irão chamar-me, porque eles precisam de misericórdia. Mas a minha mãe e os pequenos! Por que me chamais de Jesus?" Ele pergunta, acariciando a menina.

"Porque eu amo-o... Assim como eu amo o meu pai, mãe e os meus irmãos", ela responde, abraçando os pés de Jesus, e sorrindo com a cabeça virada para cima. E Jesus baixa-se e beija-a.

Jesus Em Hebron. Casa De Zacarias. Aglae.

"Chegamos a que horas?" Pergunta a Jesus, andando no centro do grupo, atrás das ovelhas, que pastam na erva das margens.

"Por volta das três. São quase 10 milhas" responde Elias.

"Depois vamos a Queriot?" Pergunta Judas.

"Sim, nós vamos".

"Não seria mais rápido ir para Queriot a partir de Jutá? Não deve ser muito longe, não está correto, pastor?"

"São cerca de dois quilômetros de distância a mais, mais ou menos".

"Dessa forma estaremos a fazer mais de vinte para nada."

"Judas, porque que estás tão preocupado?"

"Não estou preocupado, Mestre. Mas você prometeu que ia a minha casa".

"E eu vou. Eu sempre cumpro as minhas promessas".

"Eu mandei dizer à minha mãe... E depois de tudo, você mesmo disse, pode-mos rezar pelos mortos também com a alma".

"Eu disse. Mas, Judas pense: ainda não sofres-te por minha culpa. Estas pessoas têm sofrido por trinta anos, e nunca Me traíram, nem mesmo na minha memória. Eles não sabiam se eu estava vivo ou morto... e mesmo assim elas permaneceram fieis.

Lembram-se de Mim como um bebê recém-nascido, uma criança que não tinha nada além de lágrimas e com necessidade de leite... E sempre Me adoravam como Deus. Por minha culpa eles foram espancados, amaldiçoados e perseguidos como se fossem a desgraça da Judeia, e mesmo assim a sua fé nunca vacilou. Também não murcharam sob os golpes, pelo contrário, deram origem as raízes mais profundas ficando mais fortes".

"A propósito. Durante alguns dias, estiva ansioso por lhe fazer uma pergunta. Essas pessoas são seus amigos e os amigos de Deus, não são? Os anjos abençoaram-nos com a paz do Céu, não foi? Eles foram fiéis contra todas as tentações, não foi? Será que me pode explicar, então, porque que eles são infelizes? E o que dizer de Ana? Ela foi morta porque ela o amava..."

"Tu, portanto, queres dizer que, para ser amado por Mim, dei-lhes azar?"

"Não... Mas..."

"Mas estás. Sinto muito ao ver-te tão fechado para a Luz e sim aberto a coisas humanas. Não, não te preocupes

João, e tu também, Simão. Eu prefiro que ele fale. Eu nunca vos reprovaria. Eu só quero que vocês abram a vossa alma a Mim para que eu possa esclarecê-los.

Vem aqui, Judas, ouve. Tu estás a basear-te numa opinião que é comum a muitas pessoas do nosso tempo e será comum a muitos no futuro. Eu disse: uma opinião. Eu diria: um erro. Mas desde que não o façam por mal ou por não saberem a verdade, não é um erro, é apenas uma opinião errada como a de uma criança. E tu és como as crianças, Meu pobre homem. E Eu estou aqui, como um Mestre, para fazer de tu um adulto, capaz de dizer o que é verdade e o que é falso, distinguir o bem do mal e o que é melhor do que é bom. Por isso ouve-Me.

O que é vida? É um período de pausa, eu diria que o limbo do limbo, que o Pai Deus concede-vos como teste para verificar se vocês foram uma criança boa ou má, depois ele vai colocar, de acordo com as vossas ações, uma vida futura sem pausas ou ensaios. Agora diz-me: seria justo que um homem, simplesmente porque lhe foi concedido um dom raro de estar na posição de servir a Deus de uma maneira especial, ter também uma riqueza eterna em toda a sua vida? Não achas que já lhe foi concedido um grande acordo e, portanto, ele pode se considerar feliz, mesmo que as coisas humanas estejam contra ele? Não seria injusto se ele, que já tem a luz da revelação divina em seu coração e o sorriso de uma consciência limpa, deve-se também ter honras mundanas e riqueza? Será que também não ia ficar descuidado?"

"Mestre, eu também digo que ele seria um profanador. Para quê colocar alegrias humanas onde Você já está? Quando se tem Você - e eles tiveram, eles são as únicas pessoas ricas em Israel, porque eles tiveram Você por trinta anos – não deviam ter mais nada. Nós não colocamos as coisas mundanas sobre o Propiciatório... E o vaso consagrado deve ser usado apenas para fins sagrados. E essas pessoas são consagradas desde que viram o Seu sorriso... E nada mais do que entrar em seus corações, que possuem Você. Eu queria ser como eles!" Diz Simão.

"Mas não perdes-te tempo, logo depois que viste o Mestre e foste curado, voltas-te para tua propriedade". Judas respondeu sarcasticamente.

"Isso é verdade. Eu disse que faria e fiz. Mas sabes porquê? Como me podes julgar se não conheces toda a situação? O meu representante recebeu instruções precisas. Agora que Simão foi curado - e os seus inimigos já não podem prejudicá-lo, nem persegui-lo, porque ele só pertence a Jesus e a nenhuma seita: ele tem Jesus e nada mais – Simão pode dispor da sua riqueza porque foi um funcionário honesto e fiel que a guardou para ele. E eu, sendo o proprietário por curto período de tempo, dei instruções de como a propriedade deveria ser reorganizada, para de obter mais lucro se a vende-se e Eu seria capaz de dizer... Não, Eu não estou a dizer que".

"Os anjos dizem, Simão e eles estão a escrever no livro eterno", diz Jesus. Simão olha para Jesus. Os seus olhares cruzam-se: Simão expressa surpresa, Jesus bênção e aprovação.

"Como de costume. Estou errado".

"Não, Judas. Tu tens um sentido prático, como tu mesmo disseste".

"Oh! Mas com Jesus!... Também Simão e Pedro estava, cheio de senso prático, agora, em vez!..."

"Tu também, Judas, vais-te tornar como ele. Estás à pouco tempo com o Mestre, nos estamos a mais tempo com Ele e já estamos melhores", diz João, que é sempre gentil e conciliador.

"Ele não me quer. Caso contrário, eu teria sido Seu desde a Páscoa". Judas diz melancolicamente.

Jesus põe fim á discussão perguntando a Levi: "Já foste à Galileia?"

"Sim, meu Senhor"

"Então vens Comigo para me levar ao encontro de Jonas. Tu conheces-lho?"

"Sim, eu levo-o. Nós sempre nos encontrávamos na Páscoa. Eu costumava ir e via-o". José, mortificado, abaixa a cabeça. Jesus repara e diz: "Não podem vir os dois. Se não Elias ficava sozinho com as ovelhas. Mas vais vir ter Comigo, a Jericó passar onde vamos-mos separar por algum tempo. Vou-te dizer o que precisas de fazer"

"E nós? Não vamos fazer nada?"

"Sim, Judas, você vai."

"Há algumas casas ali", diz João, caminhando alguns passos na frente dos outros.

"É Hebron. Entre dois rios com sua crista. Veja, Mestre? Aquela casa ali, no meio de todo o verde, um pouco mais alta da que as outras? É a casa de Zacarias."

"Vamos acelerar nossos passos".

Os pequenos cascos das ovelhas parecem como castanholas ao pousarem nas pedras irregulares da estrada, com o acelerar do seu ritmo chegaram rapidamente à última reta da estrada e entraram na aldeia.

As pessoas olhavam para o grupo de homens, tao diferentes pela, idade e roupas entre as ovelhas brancas. Eles chegaram a casa.

"Oh! Esta diferente! Antes havia um portão aqui!" Diz Elias. Agora, em vez disso, há uma porta de metal que impede a visão, e também a parede do invólucro esta mais alta do que um homem e portanto não se pode ser o interior.

"Talvez esteja aberto na parte de trás". Eles andam em volta de uma grande parede retangular, mas notam que a parede e toda da mesma altura.

"O muro foi construído há pouco tempo" comenta João, examinando-o. "Não há nenhum risco nele e ainda há restos de cal no chão".

"Eu não posso nem ver o sepulcro... Estava perto da madeira. Agora, a madeira está fora da parede e... E parece pertencer a todos. Eles estão recolhendo lenha". Elias fica intrigado.

Um homem pequeno, mas forte, um lenhador de idade, que está a observar o grupo, deixa de serrar um tronco que estava no chão e vai em direção ao grupo. "Quem procuram?"

"Queríamos orar no túmulo de Zacarias."

"O túmulo já não existe. Vocês não sabiam? Quem são vocês?"

"Eu sou um amigo de Samuel, o pastor. Isso..."

"Não é necessário". Diz Jesus e Elias cala-se.

"Ah! Samuel!... Eu vejo! Mas desde que João, filho de Zacarias, foi para a prisão, a casa já não lhe pertence. E é uma desgraça, porque todo o lucro da sua propriedade foi dado aos pobres em Hebron. Certa manhã, um homem veio da corte de Herodes, e veio com pedreiros e eles começaram a erguer a parede... A sepultura estava ali no canto. Ele não a queria... E uma manhã nos a encontramos toda partida e meia destruída... Os pobres ossos todos espalhados... Nós juntamos os ossos todos novamente da melhor maneira que conseguimos... Eles estão agora em um sarcófago... E na casa do padre, Zacarias, que o é um homem imundo que tem as suas amantes. Agora, há uma mímica de Roma. Foi por isso que ele ergueu a parede. Ele não quer que as pessoas vejam... Que a casa do padre é um bordel! A casa do milagre e do Precursor! Pois é, certamente, que ele não é o Messias. E quantos problemas tivemos por causa de Batista! Mas ele é o nosso grande homem! Ele é realmente ótimo! Mesmo quando ele nasceu, houve um milagre. Elizabeth era tão velho como um cardo murcho, mas ela agora é tão frutífero como a maça de Adar* e esse foi o primeiro milagre. Em seguida, um primo dela veio e ela era uma santa mulher e Ela serviu dela e soltou a língua do padre. Chamava-se Maria. Lembro-me dela apesar de A ver raramente. Como aconteceu eu não sei. Eles dizem que para fazer Elizabeth feliz, Ela fez Zacarias colocar a boca contra o seu peito grávida ou que Ela coloca os dedos em sua boca. Eu não sei. É um fato que, após o silêncio de nove meses, Zacarias falava louvando o Senhor a dizer que não era um Messias. Ele não explicou mais. Mas a minha mulher estava lá naquele dia e ela me garantiu que Zacarias, louvando ao Senhor, disse que seu filho iria precedê-lo. Agora eu digo: não é que as pessoas acreditam. João é o Messias e ele vai diante do Senhor, como foi Abraão, diante de Deus. Isso é o que é. Não estou certo?"

* Adar é o sexto mês do calendário judaico fica entre fevereiro e março.

"Estais certo ao que diz respeito ao espírito de Batista, que sempre procede diante de Deus. Mas não estais certo no que diz respeito ao Messias"

"Bem, a mulher disse que ela era a mãe do Filho de Deus - Samuel também disse- não é verdade que ela é? Ela ainda está viva?"

"Sim, ela era. O Messias nasceu, antecedido por aquele que levantou a voz no deserto, como o Profeta disse."

"Você é o primeiro a dizê-lo. João, a última vez que Jowehel levou uma pele de carneiro, coisa que fazia todos os anos no início do inverno, embora ele tenha sido questionado sobre o Messias, ele não disse: "O Messias está aqui." Quando irá ele dizer isso..."

"Homem, eu era um discípulo de João e ouvi-o dizer:

"Aqui está o Cordeiro de Deus", apontando para...", diz João.

"Não, não. Ele é o Cordeiro. Um verdadeiro Cordeiro que cresceu sozinho, quase sem a necessidade de um pai e mãe. Assim que ele se tornou um filho da Lei, ele viveu isolado nas cavernas das montanhas com vista para o deserto, e la cresceu conversando com Deus. Isabel e Zacarias morreram, e ele não veio. Só Deus é que era seu pai e sua mãe. Não há maior homem santo do que ele. Podem perguntar a todos em Hebron. Samuel costumava dizer que sim, mas as pessoas em Belém devem de ter razão. João é o santo homem de Deus."

"Se alguém lhe disse-se: "Eu sou o Messias", o que lhe diria?" Pergunta Jesus.

"Eu chamava-o de "blasfemo" e afastava-o, jogando-lhe pedras".

"E se ele fizesse um milagre para provar que ele era Messias?"

"Eu diria que ele estava "possuído". O Messias virá quando João revelar a sua verdadeira natureza. O próprio ódio de Herodes é a prova. Esperto como ele é, ele sabe que João é o Messias."

"Ele não nasceu em Belém".

"Mas quando ele for libertado, depois de anunciar pelo próprio que esta a vir, ele vai-se revelar em Belém. Belém também está a espera disso. Enquanto... Oh! Vá, se você tem muita coragem, converse com os belemitas de outro Messias... E você vai ver..."

"Têm uma sinagoga?"

"Sim, é aproximadamente a duzentos passos para a frente. Você não se vai perder. Perto dele, esta o sarcófago com os restos mortais violados".

"Adeus, que Deus o ilumine".

Eles foram embora, viraram à direita em frente da casa e encontraram, na porta, uma bonita jovem mulher vestida despudoradamente. "Meu Senhor, você deseja entrar na casa? Entre."

Jesus olha para ela com um olhar tão severo como de um juiz, mas não fala. Mas Judas fala, com apoio dos outros.

"Volte para dentro, mulher sem-vergonha! Não nos insulte com sua respiração, cadela faminta."

A mulher cora, inclinando a cabeça e está prestes a desaparecer envergonhada e insultada.

"Quem é tão puro ao ponto de dizer: "Nunca desejei a maçã oferecida por Eva?" Pergunta Jesus, severamente. "Mostrem-mo e eu vou chamá-lo de um homem santo. Ninguém? Bem, então, se não por desgosto, mas por fraqueza, sentes-te incapaz de chegar perto desta mulher, podes-te retirar. Eu não vou forçar fracos em lutas desiguais. Mulher, eu gostaria de entrar. Esta casa pertencia a um parente querido Meu."

"Entre, meu Senhor, se o Senhor não me detestar".

"Deixe a porta aberta, para que o mundo veja e que não poça bisbilhotar..."

Jesus entra, sério e solene.

A mulher, subjugada, se curva diante dele não se mexendo. Mas as graças fazem com que ela fuje para o fim do jardim, enquanto Jesus vai até ao início da escada. Ele olha através das portas meias abertas, mas não entra. Então ele vai para o lugar onde era o antigo sepulcro, que agora era só um pequeno templo pagão.

"Os ossos dos justos também secam e perdem-se, escoe o bálsamo de purificação e propagação de sementes de vida eterna. Paz aos mortos que viveram fazendo o bem! Paz para os puros que estão dormindo no Senhor! Paz para aqueles que sofreram, mas que não conheciam o vício! Paz para os verdadeiros grandes do mundo e do céu! Paz!"

Caminhando ao longo da cerca de proteção, a mulher encontrou Jesus.

"Meu Senhor!"

"Mulher."

"Seu nome, meu Senhor."

"Jesus."

"Nunca ouvi esse nome. Eu sou romana: dançarina. Sou um especialista apenas em luxúria. Qual é o significado do seu nome? Meu nome é Aglae e, e isso significa: Vício."

"O meu significa: Salvador."

"Como é que o Senhor salvaria? E a quem?"

"Aqueles que estão ansiosos de serem salvos. Eu salvoos ensinando-lhes a serem puros, a preferirem dores a honras, e que desejem o bem acima de tudo." Jesus fala sem amargura, sem sequer se virar para a mulher.

"Eu estou perdida..."

"Eu sou Aquele que salva quem está perdido".

"Eu estou morta."

"Eu sou Aquele que dá a vida."

"Eu sou perversa e falsa."

"Eu sou a pureza e a verdade."

"O Senhor também é recompensa, você não olha para mim. Você não me toca, você não pisa em mim. Tenha misericórdia de mim..."

"Primeiro, você deve ter piedade de si mesmo. Em sua alma."

"O que é a alma?"

"É o que faz um Deus um homem e não um animal. Os Vícios e pecados vão acabar por mata-lo e, uma vez que esta morto, o homem torna-se um animal repulsivo."

"Será que eu vou vê-lo novamente?"

"Quem procura por Mim, encontra-Me."

"Onde é que o Senhor mora?"

"Onde os corações precisam cura para que se tornem honestos outra vez."

"Nesse caso... Eu não vou vê-lo novamente... Eu vivo num lugar onde nenhum médico, ou medicina ou a honestidade é procurada."

"Nada a impede de chegar até mim. Meu nome será gritado nas ruas e vai chegar até você. Adeus."

"Adeus, meu Senhor. Permitam-me que lhe chame de "Jesus". Oh! Não com familiaridade!... Mas um pouco de salvação pode vir para mim. Eu sou Aglae, lembre-se de mim."

"Eu irei. Adeus."

A mulher fica no fim do jardim enquanto Jesus vem para fora com um olhar severo e um funcionário fecha a porta. Ele olha para todos, vê perplexidade em seus discípulos e ouve vaias dos hebronitas.

Andaram em linha reta ao longo da estrada, Jesus bate na porta da sinagoga e um homem ressentido olhou para fora.

"É proibida a entrada para a sinagoga, neste lugar santo, para aqueles que lidam com prostitutas. Vá-se embora." Diz o homem, sem deixar Jesus falar.

Sem responder, Jesus se vira e continua a caminhar ao longo da estrada, seguido por seus discípulos.

Fora de Hebron, eles começam a falar.

"Foi á procura de problemas, Mestre", diz Judas. "A prostituta, entre todas as pessoas!"

"Judas, eu vou -lhe dizer solenemente que ela vai superar

você. E agora, já que estás a reprovar-Me, o que me dizes sobre os Judaicos? Nos lugares mais sagrados da Judeia fomos chicoteados e expulsos... Essa é a verdade. O dia vai chegar em Samaria e os gentis vão adorar o verdadeiro Deus, e as pessoas do Senhor serão manchadas com sangue e com um crime... Um crime que em comparação com os pecados de prostitutas que vendem seus corpos e suas almas, será uma coisa muito pequena. Eu não era capaz de rezar sobre o túmulo dos meus primos e dos justos Samuel. Não importa. Descansem, ossos sagrados, alegrai-vos, almas, que habitaram nelas. A primeira ressurreição está próxima. Em seguida, virá o dia que se vão mostrar para os anjos como as almas dos servos do Senhor."

No Vau Jordão. Reunião Com Os Pastores João, Matias E Simeão.

Ao longo da estrada batida estão pequenos burros em fila reta e pessoas a caminhar pela estrada a beira das margens verdes do Jordão. Também na margem do rio, encontram-se três pastores que guardavam algumas ovelhas que estavam no pasto.

José está na estrada à espera, este olha para cima e para baixo. Ao longe, na junção do trajeto do rio com a estrada principal, aparece Jesus com os seus três discípulos. José chama pelos pastores que conduzem as ovelhas ao longo da erva, e andam mais rápido na direção de Jesus.

"Eu não tenho coragem... Como vou cumprimentá-lo?"

"Oh! Ele é tão bom! Diga: "Que a paz esteja consigo". Ele diz sempre isso".

"Sim, Ele... Mas..."

"E eu? Eu não fui o primeiro a ter adoração Dele e ele gosta tanto de mim... Oh! Gosta tanto!"

"Qual deles é?"

"O mais alto, com cabelos louros."

"Matias, vamos contar-lhe sobre Batista?"

"É claro que vamos!"

"Ele não vai pensar que preferimos Batista em vez Dele?"

"Não, Simeão. Se Ele for mesmo Messias, ele vê os corações dos homens e no nosso Ele vai ver que em Batista ainda estávamos procurando por ele."

"Sim, estás certo."

Só com alguns metros de distância entre eles, os pastores conseguem ver Jesus a sorrir para eles com o seu sorriso indescritível e José começa a andar mais rápido. As ovelhas, a pedido dos pastores, também começam a correr.

"Que a paz esteja convosco", diz Jesus e levanta os braços para dar um grande abraço.

"A paz esteja convosco, Simeão, João e Matias, fieis a Mim, e fiéis ao João, o Profeta!..."

Ele apresenta especificando quem era a cada um dos pastores que estavam agora com os joelhos no chão.

"A paz esteja convosco, José." Ele beija-o no rosto. "Venham, meus amigos, vamos para baixo destas árvores onde se tem vista para o rio para podermos conversar."

Eles vão para a beira do rio, e Jesus senta-se numa grande raiz que está saliente enquanto os outros sentam-se no chão, Jesus sorri enquanto olha para cada um deles com atenção:

"Deixem-me familiarizar com os seus rostos. Suas almas

já as conheço as vossas almas que procuram e amam o que é bom ao contrário de todas as outras pessoas do mundo. Isaque, Elias e Levi enviam-lhes os seus cumprimentos, assim como Minha Mãe. Têm alguma notícia do Batista?"

Os homens, que até agora calam-se pelo constrangimento, tomam o coração e encontram as suas palavras: "Ele ainda está na cadeia. Nossos corações tremem por ele porque ele está nas mãos de um homem cruel que é dominado por uma criatura infernal e que está rodeado por uma corte corrupta. Nós o amamos... Você sabe que nós o amamos e que é merecedor do nosso amor. Depois que Saiu de Belém, fomos perseguidos por homens... Mas estávamos aflitos e desanimados, porque tínhamos-lo perdido, ao invés de nos odiar, e éramos como árvores que foram arrancadas pelo vento. Então, depois de anos de sofrimento, como um homem cujas pestanas foram costuradas por ver o sol, mas não pode, também, porque ele este fechado numa prisão, mas o seu corpo sente o calor do sol, nós sentimos que o Batista foi um homem de Deus previsto pelos profetas para preparar o caminho para seu Cristo e fomos ter com ele. Nós dissemos: "Se formos ter com o Batista, nos vamos encontrá-Lo." Porque, meu Senhor, nos estávamos á sua procura."

"Eu sei. E encontraste-me. E estou contigo agora."

"José disse-nos que o Senhor veio a Batista. Mas naquele dia nos não estávamos la. Se calhar ele nos mandou para outro local. Nos o servimos em assuntos espirituais, quando nos pede, com muito amor. E nos o ouvia com amor, embora ele fosse muito severo porque ele não era você – A palavra-. Mas ele sempre falou as palavras de Deus."

"Eu sei. E tu conheces este homem?" Jesus pergunta, apontando para João.

"Vimo-lo junto dos Galileus no meio da multidão que eram mais fiéis ao Batista. E, se não estamos enganados, és o único cujo nome é João que ele costumava falar. Dizia que eras um dos seus discípulos mais próximos: "Aqui: Eu sou o primeiro, ele é o último. E depois: ele vai se tornar o primeiro e eu o último" Mas nós nunca entendemos o que ele queria dizer …"

Jesus vira-se para João que esta à sua esquerda e Ele encosta-o junto do Seu coração e com um sorriso muito gentil Ele explica: "o que ele quis dizer foi que ele foi o primeiro que disse: "Aqui esta o Cordeiro" e que João vai ser o último dos amigos do Filho do homem a falar sobre o Cordeiro para as populações; Mas que, no coração do Cordeiro, João é o primeiro, porque para o cordeiro ele é o mais caro do que qualquer outro homem. Foi isto que ele quis dizer. Mas quando vires o Batista – Porque o vais ver de novo, e vais o servi-lo novamente até a hora predeterminada – diz-lhe que ele não é o último no coração de Cristo. Não por causa do seu sangue, ou pela sua santidade, ele é amado da mesma maneira que João. E lembrem-se disso. Se o santo em sua humildade se proclama "último", a Palavra de Deus proclama-o igual ao discípulo que é mais querido para mim… Diz-lhe que eu amo este discípulo, porque ele tem o mesmo nome e porque encontro nele os sinais de Batista, que prepara as almas para Cristo."

"Nos vamos lhe dizer… Mas vamos vê-lo novamente?"

"Sim, vão."

"Sim, Herodes não vai ter coragem para o matar com medo do povo e da corte, que está cheia de ganância e corrupção, seria mais fácil libertá-lo se tivéssemos um monte de dinheiro. Mas, embora haja muito - porque os nossos amigos têm dado muito – ainda falta bastante. E nós estamos com medo de não chegar-mos a tempo... Ele ainda pode acabar morto."

"De quanto achas que precisam para o resgate?"

"Não para o seu resgate, Senhor. Herodias odeia-o muito e ele tem muito poder sobre Herodes, para permitir que aja uma possibilidade de resgate. Mas acho que todas as pessoas gananciosas do reino estão em Machaerus. Todas as pessoas estão ansiosas por um tempo livre para poder descansar; Desde os ministros até aos criados. Mas para poderem fazerem isso eles precisam de dinheiro... Descobrimos também uma pessoa que esta disposta a libertar Batista por uma grande quantia de dinheiro. Talvez também Herodes prefira isso... Porque ele está com medo. Não por uma razão qualquer. Ele tem medo da população e da sua esposa. Dessa forma, ele poderia agradar às pessoas e a sua esposa não poderia acusá-lo de desapontá-la."

"E quanto é que essa pessoa quer?"

"Vinte Talentos de prata. Mas temos apenas doze talentos e meio."

"Judas, disse-te que essas jóias são lindas."

"Sim, são bonitas e valiosas."

"Quanto é que elas devem valer? Penso que sejas um perito"

"Sim, eu sou um bom juiz. Porque que queres saber o seu valor, Mestre? Quer vendê-los? Porquê?"

"Talvez... Diga-me: qual é o seu valor?"

"Pelo menos seis talentos, se essas jóias se venderem bem."

"Tens a certeza?"

"Sim, Mestre. O colar por si só, tão grande e pesado, do mais puro ouro, vale pelo menos três talentos. Eu examinei-o cuidadosamente. E também as braceletes... eu não sei como os finos pulsos do Aglae conseguiam segurá-los."

"Eles eram as suas algemas, Judas."

"Isso é verdade, Mestre... Mas tantos gostariam de ter aquelas lindas algemas!"

"Achas que sim? Quem?"

"Bem... muitas pessoas!"

"Sim, muitos que são seres humanos apenas pelo nome... e conheceis algum possível comprador?"

"Portanto, Vós quereis vendê-las? E será isso para o Baptista? Mas olhai, é ouro amaldiçoado!"

"Oh! Humana inconsistência! Acabastes de dizer, com evidente desejo, que muitas pessoas gostariam de ter esse ouro, e dizeis agora que está amaldiçoado?! Judas, Judas!... Está amaldiçoado, com efeito. Mas ela disse:

"Será santificado se for usado pelas pessoas pobres e santas" e é por isso que ela o deu, para que quem consiga beneficiar dele, possa rezar pela pobre alma dela tal e qual como um embrião de uma futura borboleta incha nas sementes do seu coração. Quem é mais santo e pobre do que o Baptista? Ele é igual a Elias na sua missão mas maior do que Elias em santidade. Ele é mais pobre do que eu sou. Eu tenho uma Mãe e uma casa... e quando alguém tem tais coisas, e de forma tão pura e santa como eu, nunca está abandonado. Ele não tem mais uma casa, e ele nem sequer tem a tumba da sua mãe. Tudo foi violado e profanado pela desigualdade humana. Portanto, quem é o comprador?"

"Existe um em Jericó e muitos mais em Jerusalém. Mas aquele em Jericó!!! Ele é um levantino astuto batedor-de-ouro, um agiota, um intermediário, um alcoviteiro, ele é certamente um ladrão. Provavelmente um assassino. Ele é definitivamente perseguido por Roma. Ele mudou o seu nome para Isaque, para se fazer passar por um Hebreu... Mas o seu nome verdadeiro é Diomedes. Eu conheço-o muito bem..."

"Sim, conseguimos perceber isso!... 'intervém Simão, o Zelote, que fala pouco, mas toma conta de tudo. "...Como o conhece tão bem?"

"Bom... sabe... De forma a agradar a determinados amigos valentes. Eu fui vê-lo... e fiz alguns negócios... sabe... nós do Templo..."

"Eu sei... vocês fazem todo o tipo de trabalhos" conclui Simão com uma ironia fria. Judas irrita-se, mas mantém-se em silêncio.

"Comprará ele?" pergunta Jesus.

"Penso que sim. Ele tem imenso dinheiro. Claro, deverei ser habilidoso em vender porque o Grego é sagaz e se compreende que está a lidar com uma pessoa honesta, com uma pomba pequena, ele arranca-la sem piedade. Mas se ele tiver que lidar com um abutre como ele..."

"Podereis ir, Judas. Sois o homem certo. Vós sois tão astuto como uma raposa e tão predador como um abutre. Oh! Perdoe-me, Mestre. Falei antes de Vós!" diz Simão, o Zelote, de novo.

"Eu tenho a mesma opinião, e portanto irei dizer a Judas para partir. João, ireis com ele. Encontrar-nos-emos ao pôr-do-Sol e o ponto de encontro será a praça do mercado. Ide. Fazei o vosso melhor."
Judas levanta-se de repente e João vira os seus olhos implorantes de cachorro abandonado a Jesus que, falando aos pastores, não repara em João, pelo que ele segue Judas.

"Gostaria de vos ver felizes', diz Jesus.
"Ireis sempre fazer-nos felizes, Mestre. Que Deus O abençoe por isso. Aquele homem é um amigo Vosso?'

"Sim, é. Pensais que ele não o deveria ser?"
O pastor João baixa a sua cabeça, e mantêm-se em silêncio, mas Simão fala: 'Apenas quem é bom, como vês. Eu não sou bom, e portanto eu não vejo o que a Recompensa vê. Eu vejo o exterior. Quem é bom penetra também no interior. Vós, João, vês como eu. Mas o Mestre é bom... e vê..."

"O que vereis em Judas, Simão? Quero que Me digas."

"Bem, quando olho para ele, eu penso de certos lugares misteriosos que se aparentam como cavernas de bestas selvagens e lagos infestados com malária. Só se pode ver uma enorme confusão e, assustado, mantém-se claro... Em vez disso... por detrás dele há rolas e rouxinóis e o solo é rico em águas saudáveis e boas ervas. Eu quero acreditar que Judas é assim ... Eu acho que ele deve ser, porque Você escolheu-o. E Você sabe..."

"Sim, Eu sei... Existem muitas falhas no coração daquele homem... Mas ele tem alguns pontos bons. Viste por ti próprio em Belém e em Kerioth. E os seus bons pontos que são humanamente bons devem ser criados na bondade espiritual. Judas será então como gostáreis que fosse. Ele é jovem..."

"Também João é jovem..."

"E no vosso coração, concluis que ele é melhor. Mas João é João! Amai o pobre Judas, Simão, imploro-vos... Se o amardes... ele aparentará ser melhor.'"

"Eu tento amá-lo pelo Teu pedido. Mas ele quebra todos os meus esforços como se fossem bastões de água... Mas, Mestre, apenas existe uma lei para mim: fazer tudo o que Vós quiserdes. Irei, portanto, amar Judas apesar de algo dentro de mim se revoltar contra ele."

"O quê, Simão?"

"Não sei especificar exactamente o que é: algo que me lembra o grito de um guardião nocturno... e que me diz: "Não adormeças! Vigia!" Não sei. Esse algo não tem nome. Mas está aqui... em mim, contra ele."

"Esquecei, Simão. Não vos importunes a lhe dar uma definição. É melhor não saber certas verdades... e vós poderíeis estar enganado. Deixai para o teu Mestre. Dai-Me todo o vosso amor e podereis ter a certeza que Me fará feliz..."

Jesus E Isaque Perto De Doco. Partida Para Esdraelon.

"E eu digo-Lhe, Mestre, que as pessoas humildes são melhores..." reporta Isaque a Jesus. "... aquelas às quais falei, ou que se riram de mim ou ainda ignoraram-me. Oh! Os pequenos em Juttah!"

Eles estão sentados em grupo na relva perto da margem do rio, e Judas interrompe Isaque, excepcionalmente chamando o pastor pelo nome;
"Isaque, eu tenho a mesma opinião. Nós perdemos o nosso tempo e fé a lidar com eles. Eu vou desistir."

"Eu não, mas tal facto faz-me sofrer. Só irei desistir se o Mestre assim mo disser. Durante anos, eu tenho estado acostumado a sofrer por lealdade para com a verdade. Eu não conseguiria contar mentiras para cair na boa graça dos poderosos. E sabe quantas vezes eles vieram para gozar comigo na sala onde estava doente, prometendo ajuda - oh! eram certamente falsas promessas - se eu dissesse que menti e que Vós, Jesus, não éreis o Salvador?! Mas eu não posso mentir. Se eu mentisse eu teria negado a minha própria alegria, eu teria morto a minha única esperança, eu tê-lo-ia morto, meu Senhor! Rejeitado-O! Na minha miséria negra da minha doença

triste, havia sempre um céu repleto de estrelas acima de mim: a cara da minha mão que foi a minha única alegria da minha vida de órfão, a cara da noiva que nunca foi minha e a quem continuo a amar mesmo depois da sua morte. Estas eram as duas estrelas menores. E as duas estrelas maiores, como as duas luas mais puras: José e Maria a sorrir ao Bebé Recém-Nascido e a nós, pastores pobres, e o seu rosto e seu rosto brilhante, inocente, bondoso, santo, santo e santo, no centro do céu do meu coração. Eu não poderia rejeitar esse céu meu! Eu não queria privar-me da sua luz pois não existe outro tão pura. Eu preferia rejeitar a minha própria vida ou eu teria vivido em tortura antes de O rejeitar, Minha lembrança abençoada, meu Recém-Nascido Jesus!" Jesus apoia a Sua mão no ombro de Isaque e sorri. "Portanto vós insistis?", persiste Judas.

"Insisto. Hoje, amanhã e no dia depois de amanhã de novo. Alguém virá."

"Quanto tempo a obra demorará?"

"Não sei. Mas acreditai em mim. É suficiente não olhar quer para a frente ou para trás e fazer as coisas dia a dia. No final do dia, ao anoitecer, se trabalharmos com proveito, nós diremos: "Obrigado, meu Deus". Se for sem proveito, basta dizer: "Eu esperanço com a Sua ajuda para amanhã."

"Vós sois sábio."

"Eu nem sequer sei o que isso significa. Mas eu farei na minha missão o que fiz durante a minha doença. Trinta anos de doença não é nenhum assunto insignificante!"

"Ehi! Eu acredito nisso. Eu ainda não era nascido e já éreis um inválido."

"Eu estava doente. Mas eu nunca contei esses anos. Eu nunca disse: "Agora é o mês de Nisan de novo, mas não estou a florescer de novo como as rosas. Agora é Tishri e ainda definho aqui." Eu fui falar Dele quer para mim próprio, quer para boas pessoas. Eu compreendi que os anos estavam a passar porque os pequenos dos dias passados vieram para me trazer as suas confecções para o casamento ou os bolos para o nascimentos dos seus respectivos pequenos. Agora, se olhasse para trás, agora que de velho me fiz novo, o que vê do meu passado? Nada. É passado."

"Nada aqui. Mas no Céu é "tudo" para ti, Isaque, e esse "tudo" está á vossa espera" diz Jesus. E depois, falando para todos: "Eu devo fazê-lo. Eu Próprio o farei. Devemos continuar. Sem ficarmos casados. Cansaço é uma das raízes do orgulho humano. Bem como a pressa. Porque se irrita o homem com as derrotas? Porque está ele zangado com adiamentos? Porque o orgulho diz: "Porque dizer "não" a mim? Tanto adiamento para mim? Isto é uma falta de respeito pelo apóstolo de Deus." Não, Meus amigos. Olhem para todo o universo e agradeçam-No, Àquele que o fez. Meditem nos progressos do homem e considerem a sua origem. Pensem desta hora que está agora a ser completada e contem quantos séculos o precederam. O universo é o trabalho de uma criação calma. O Pai não quis as coisas de uma forma desordeira; Ele fez o universo em sucessivas fases. O homem é o resultado de paciente progresso, o homem presente, e ele irá progredir mais e mais em conhecimentos e poder. E tal conhecimento e poder será santo ou não santo, de acordo com os seus desejos. Mas o homem não se tornou habilidoso de repente. Os Primeiros Pais, excluídos do Jardim, tiveram que aprender tudo lentamente, progressivamente. Eles tiveram que aprender as coisas mais simples. Que um grão de milho sabe melhor se for misturado com farinha, depois amassado e depois cozido. E eles tiveram que aprender como moer e cozê-lo. Eles tiveram que aprender a acender um fogo. Como fazer uma peça de vestuário, observando a lã dos animais. Como fazer uma gruta observando animais. Como construir um colchão de palha observando ninhos. Eles aprenderam a curar-se com ervas e água, observando os animais que o fazem por instinto. Eles aprenderam a viajar através de desertos e mares, estudando as estrelas, quebrando em cavalos, aprender a equilibrar os barcos na água assistindo a casca de uma noz que flutua nas águas de um córrego. E quantas falhas antes sucesso! Mas o homem teve sucesso. E ele irá mais longe. Mas ele não será mais feliz se contabilizar o seu progresso porque ele irá ficar mais habilidoso no mal do que no bem. Mas ele fará progressos. A Redenção não é um trabalho paciente? Ficou assim decidido séculos e séculos antes. Está a acontecer agora após ter sido preparado durante séculos. Tudo é paciência. Porque ser impaciente então? Poderia Deus não ter feito tudo num instante? Não seria possível para o homem, abençoado com a razão, criado pelas mãos de Deus, saber tudo num instante? Não poderia eu ter vindo no início dos séculos? Tudo era possível. Mas nada deve ser violento. Nada. Violência é sempre contra a ordem e Deus, e o que vem de Deus é ordem. Não tentai ser superior a Deus."

"Mas, então, quando sereis Vós reconhecido?"

"Por quem, Judas?"

"Pelo mundo!"

"Nunca!"

"Nunca? Mas não sois Vós o Salvador?"

"Eu sou. Mas o mundo não deseja ser salvo. Apenas um em mil desejará conhecer-Me e só um em dez mil desejará seguir-Me. E direi ainda mais; Eu não serei conhecido até pelos Meus mais íntimos amigos."

"Mas se eles são os Seus amigos íntimos, eles conhecem-Vos."

"Sim, Judas. Eles irão conhecer-Me como Jesus, como Jesus o Israelita. Mas eles não irão conhecer-Me por Quem Eu sou..." e com desencanto resignado, Jesus abre as Suas mãos e segurando-as, Ele continua, com dor clara na Sua cara, olhando para nem homem nem Céu, maspara o Seu destino futuro de pessoa traída "...Eu solenemente te digo que eu não serei conhecido pelos Meus amigos íntmos. Conhecer significa amar com lealdade e virtude... e existirão aqueles que não Me conhecem."

"Não digas isso." implora João.

"Nós seguimos-Vos, para Vos conhecermos mais e mais" diz Simão, e os pastores em coro.

"Nós seguimos-Vos conforme seguiríamos uma noiva e Vós sois mais querido para nós do que alguma vez ela poderia ser; nós somos mais zelosos de Vós do que de uma mulher..." diz Judas "...Oh! não. Nós sabemos que

Vós destes tanto que não podemos ignorar-Vos nunca mais." e apontando a Isaque, Judas continua "Ele diz que para negar a Vossa lembrança de um Bebé Recém-Nascido seria mais aflitivo do que a sua morte. E Vós éreis nada mais do que um bebé recém-nascido. Nós conhecemos-Vos como Homem e Mestre. Nós ouvimos e vemos as Vossas obras. O Vosso contacto, o Vosso respirar, o Vosso beijo: nossa consagração contínua e nossa purificação perpétua. Apenas um satã poderia negar-Vos após ser o Vosso companheiro próximo."

"É verdade, Judas. Mas existirá um."

"Infortúnio para ele! Eu serei o seu carrasco."

"Não. Deixai a justiça para o Pai. Sê o seu redentor. O redentor deste alma que está inclinada para Satã. Mas digamos adues a Isaque. É noite. Eu vos abençôo, Meu fiel servidor. Sabeis agora que Lázaro de Betânia e nosso amigo e quer ajudar os Meus amigos. Eu irei. Vós fiqueis aqui. Preparai a terra de Judeia para Mim. Eu virei depois. No caso de necessidade, sabeis onde Me encontrar. Que a paz esteja convosco." e Jesus abençoa e beija o Seu discípulo.

Jesus Com O Pastor Jonas Na Planície De Esdraelon

É de noite mas não existe alívio do grande calor do dia, pois o solo ardente ainda fornece ondas de calor dos sulcos e fissuras do solo, que evaporam o orvalho ainda antes de este chegar ao chão. É uma noite clara, embora a lua que se põe é pouco visível no extremo leste.
Num caminho com um pouco de restolho espalhado cheio de grilos e correndo entre dois campos ressecados, Jesus caminha lado a lado com Levi e João. Atrás deles, em grupo, temos José, Judas e Simão. Em silêncio, eles caminham, ensolarados e exaustos, mas Jesus sorri.

"Achais que ele estará lá?" pergunta Jesus a Levi.

"Ele certamente estará lá. Este é o momento em que as culturas são armazenadas, mas quando ainda não começaram a colher os frutos. Os agricultores estão, portanto, ocupados a segurar as suas vinhas e pomares contra ladrões e eles não vão embora, especialmente quando seus mestres são tão mesquinhos como Jonas. Samaria não está longe e quando esses renegados têm uma oportunidade... oh! eles ficam felizes de causar prejuízos a nós, israelitas. Será que eles não sabem que os camponeses são espancados por causa deles? É claro que sabem. Mas eles odeiam-nos, e isso diz tudo."

"Não defendemos o ressentimento, Levi", diz Jesus.

"Não. Mas ides ver como Jonas foi ferido há cinco anos por causa deles. Desde então, ele vive em vigília à noite. Porque o flagelo é um castigo cruel..."

"Ainda há um longo caminho a percorrer?"

"Não, Mestre. Veja onde esta monotonia termina e há uma zona escura? Os pomares de Dora, o Fariseu cruel, estão lá. Se Vós me permitirdes, vou continuar na frente para que Jonah me ouça."

"Sim, ide."

"São todos os fariseus assim, meu Senhor?" pergunta João. "Oh! Eu não gostaria de estar em seu serviço! Eu prefiro o meu barco."

"É o seu barco a sua coisa mais querida?" pergunta Jesus meio a sério.

"Não, Vós sois! Era o barco quando eu não sabia que o amor estava na Terra", responde João prontamente.

Jesus sorri pela sua impulsividade. "Vós não sabíeis que o amor estava na Terra? E como vós nascestes, então, se o vosso pai não ama vossa mãe?" Pergunta Jesus, em tom de brincadeira.

"Esse amor é belo, mas não me atrai... Vós sois o meu amor, Vós sois o amor sobre a terra para o pobre João." Jesus abraça-o e diz: "Eu estava ansioso por ouvi-lo a dizer isso. O amor é ávido por amor e homem dá e dará

sempre pequenas gotas para saciar a sua sede, como
estas que estão caindo do céu e são tão pequenas que
eles desaparecem em pleno ar no grande calor do verão.
Também gotas do homem do amor desaparecerá no
meio do ar, mortas pelo calor de muitas coisas. Corações
ainda vão espremê-las para fora... mas interesses, amor,
negócios, a ganância, a tantas coisas humanas irão
queimá-las. E o que vai subir para Jesus? Oh! muito
pouco! Os restos mortais, os poucos sobreviventes
das pulsações humanas, palpitam interessados em
perguntar, perguntar, perguntar e na necessidade
urgente dos homens. Para amar-Me por puro amor será
a característica de algumas pessoas... de pessoas como
João..."

E Jesus pára diante de um pequeno fino de milho que
cresce na beira do caminho a pé, numa pequena vala que
foi, talvez, um pequeno fluxo no meio do tempo chuvoso.

".... Olhai para uma espiga de milho cultivado após o fim
da temporada. É talvez uma semente que caiu na época
da colheita. Mas foi capaz de crescer para cima, para
resistir a sol e tempo seco, e crescer para formar uma
espiga... Sinta-o: ela já está formado. Nestes campos
despojados é a única coisa viva. Em pouco tempo,
os grãos maduros irão quebrar a casca lisa que os
mantém perto do tronco e cairão no chão. E eles vão se
transformar em comida de caridade para os passarinhos,
ou produzindo cem por cento, eles vão crescer de novo
e antes que o inverno traga o arado de volta para a
Terra, eles vão estar maduros mais uma vez, e vai saciar
a fome de muitos pássaros já morrendo de fome na
pior temporada... Vide, meu João, o que uma semente
corajosa pode fazer?"

Sigam-me

E as poucas pessoas que Me amam por puro amor, será assim. Apenas um só irá saciar a fome de muitos. Apenas um vai fazer bonito uma área que antes era feia. Só vai dar vida onde havia morte e todos os famintos chegarão a esse. Eles irão comer um grão do seu amor ativo e então, egoísta e distraído, eles irão voar para longe. Mas também sem o saber, o grão vai colocar germes vitais no seu sangue, nas suas almas... e eles irão voltar. E hoje, amanhã e no dia seguinte, como disse Isaque, o conhecimento do Amor vai aumentar nos seus corações. O caule despojado já não será uma coisa viva: a palha seca. Mas como muita coisa boa de seu sacrifício! E quanta a recompensa pelo seu sacrifício!
João escuta com admiração ardente Jesus e quando Jesus se move, João segue-Lo. O grupo por trás, falando entre si, não tem conhecimento da conversa.

Eles chegam ao pomar, suando apesar de não usarem mantos e parados num grupo silencioso. Levi, visível com as suas roupas leves, emerge de um matagal escuro fracamente iluminado pelo luar. Atrás dele, um outro, num vestido escuro.

"Mestre, Jonas está aqui."

"Que a Minha paz vá até vós!" cumprimenta Jesus antes de Jonas alcançá-Lo.

Jonas corre e atira-se, chorando, aos Seus pés e beija-Los. Quando ele está apto a falar, ele diz: "Há quanto tempo eu esperei por Vós! Quão mais! Que deprimente que era sentir que a minha vida foi passando, que a morte se aproximava, e eu tinha a dizer: "Eu não O vi!" E, no entanto, não, nem todas as esperanças foram destruídas. Nem mesmo quando eu estava prestes a morrer. Eu diria: "Ela disse assim: "Você vai servi-Lo de novo", e ela não poderia ter dito algo que não fosse verdade. Ela é a Mãe do Emanuel. Ninguém, portanto, possui a Deus mais do que Ela e quem tem Deus sabe o que é de Deus."

"Levantai-vos. Ela lhe envia Suas saudações. Você foi próximo Dela e você ainda está perto Dela. Ela mora em Nazaré."

"Vós! Ela! Em Nazaré? Oh! Eu gostaria de ter sabido. À noite, nos meses frios do inverno, quando os campos descansam e as pessoas do mal não podem causar danos aos agricultores, eu teria vindo, eu teria corrido lá para beijar Seus pés e eu teria de voltar com o meu tesouro da certeza da fé. Por que não mostrar-Se, Senhor?"

"Porque não era a hora. O tempo já chegou. Temos de aprender a esperar. Você disse: "Nos meses de inverno, quando os campos de descansam". E ainda assim eles foram semeadas por eles, não? Bem, Eu era como um grão que tinha sido semeado. E você viu-Me quando eu estava sendo semeado. Então Eu desapareci. Enterrado no necessário silêncio. Que Eu possa crescer e chegar à época da colheita e brilhar aos olhos do mundo e de quem tinha-Me visto como um Bebê Recém-Nascido. Esse tempo chegou. O Recém-Nascido está agora pronto para ser o pão do mundo. E Eu estou olhando primeiro para os Meus fiéis, e Eu digo-lhes: "Vinde... Vou satisfazer a vossa fome""

Jonas ouve Ele, sorrindo feliz e repetindo para si mesmo:

"Oh! Vós estais realmente aqui! Vós estais realmente aqui!"

"Vós estáveis prestes a morrer? Quando?"

"Quando eu estava a ser golpeado até à morte porque tinham despojado duas vinhas. Olhai quantas feridas!" ele baixa a sua túnica e mostra os ombros cobertos com cicatrizes irregulares. "Ele bateu-me com uma barra de ferro. Ele contou os cachos de uvas que tinham sido colhidos; ele podia ver onde os talos tinham sido arrancados, e ele deu-me um golpe para cada cacho. E então, ele deixou-Me lá, meio morto. Maria ajudou-Me. Ela é a jovem esposa de um amigo meu, e ela sempre foi apaixonada por mim. Seu pai era o agente da terra antes de mim e quando cheguei aqui, fiquei muito afeiçoado dela porque o seu nome era Maria. Ela cuidou de mim e recuperei depois de dois meses, pois as feridas foram infectadas com o calor e ficou uma temperatura elevada. Eu disse para o Deus de Israel: "Não importa. Deixe-me ver o seu Messias novamente e esta desgraça não é importante para mim. Aceite-o como um sacrifício. Eu nunca pude oferecer-Lhe um sacrifício; Eu sou o servo de um homem cruel e Vós sabeis. Ele nem sequer me permitiu chegar ao seu altar na Páscoa. Aceite-me como uma vítima. Mas dê-me a Ele!"

"E o Altíssimo satisfez. Jonas, deseja servir-Me, como os seus amigos?"

"Oh! Como devo fazer isso?"

"Como eles fazem. Levi sabe e ele irá dizer-lhe como é simples servir-Me. Eu só quero a sua boa vontade."

"Eu dei-Vos isso desde a vez em que Vós chorastes na manjedoura. Isso fez-me superar tudo. Quer desânimo, quer ódio. A verdade é... não podemos falar muito aqui...

O mestre uma vez me pontapeou, porque eu estava a insistir que Vós existíeis. Mas quando ele estava fora, e com aqueles que eu podia confiar, oh! Eu contei a maravilha daquela noite!"

"E agora contar a maravilha do seu encontro. Eu encontrei quase toda a gente e toda a gente é fiel. Não é uma maravilha? Só porque Me contemplou com fé e amor que você se tornou justo aos olhos de Deus e dos homens."

"Oh! Agora vou ter coragem! E quanta coragem! Agora que eu sei que Vós estais vivo, posso dizer: "Ele está lá. Vá a Ele!..." Mas onde, meu Senhor?"

"Por todo o Israel. Até setembro estarei na Galileia. Eu, muitas vezes, estou em Nazaré ou Cafarnaum, e posso ser rastreado de lá. Depois ... Eu vou estar em toda parte. Eu vim para recolher as ovelhas de Israel."

"Oh! Meu Senhor! Você vai encontrar muitos bodes. Cuidado com os grandes em Israel!"

"Eles não vão fazer-Me mal nenhum se não for a hora. Diga para os mortos, os travessas, os vivos: "O Messias está entre nós "."

"Para os mortos, Senhor?"

"Para aqueles cujas almas estão mortas. Os outros, os justos que morreram no Senhor, já estão regozijando pelo sua libertação iminente do Limbo. Diga aos mortos: "Eu sou a Vida". Diga para os dormentes: "Eu sou o sol que desponta despertar do sono." Diga aos vivos: "Eu sou a Verdade que estão procurando.""

"E vós também curais pessoas doentes? Levi contou-me sobre Isaque. É o milagre só para ele, porque ele é o Seu pastor, ou é para todos?"

"Para pessoas de bem, um milagre é uma recompensa justa. Para aqueles que não são tão bons, ele exorta-os para a verdadeira bondade. É também por pessoas más, para agitá-los e fazê-los entender quem Eu sou e que Deus está comigo. Um milagre é um presente. Os presentes são para pessoas boas. Mas aquele que é Misericordioso e vê a carga humana, que pode ser iluminada apenas por eventos poderosos, recorre também para este meio, para que Ele possa dizer: "Eu tenho feito de tudo por vós, mas tudo em vão. Dizei-Me, por isso, o que mais eu tenho que fazer.""

"Senhor, Vós importai-Vos de entrar na minha casa? Se Vós me conceder garantia de que nenhum ladrão vai entrar na propriedade, eu gostaria de dar-Lhe hospitalidade, e convidar também as poucas pessoas que Te conhecem, porque eu falaria com eles de Vós. Nosso Mestre tem dobrado e quebrado todos nós como hastes inferiores. Temos a esperança de uma recompensa eterna. Mas, se Te mostras para corações desalentados, eles vão sentir uma nova força."

"Eu irei. Não tenhais medo das vossas árvores e vinhas. Pode acreditar que os anjos vão zelar por elas fielmente?"

"Oh! Meu Senhor. Vi Teus servos celestiais. Eu acredito. E eu irei Convosco se se sentir seguro. Bendito estas árvores e vinhas que têm a brisa e as canções de asas angelicais e vozes! Bem-aventurado o solo, que é santificado por Seus pés! Vem, Senhor Jesus! Ouça, árvores e videiras. Ouça, solo. Agora vou dizer-Lhe o

Nome que eu confiei a vós para a minha própria paz. Jesus está aqui. Ouçam, e podem exultar a seiva através dos ramos e brotos de videira. O Messias está connosco."

Retorno Para Nazaré Depois De Deixar Jonas

É hora de dizer adeus e Jesus e os Seus discípulos estão de pé na porta de uma cabana pobre, com Jonas e outros camponeses pobres, iluminados por uma luz tão fraca, que parece estar a piscar.

"Será que eu não vou vê-Lo novamente, meu Senhor?" pergunta Jonas. "Vós trouxestes luz aos nossos corações. Vossa bondade transformou os dias de hoje numa festa que durará toda a vida. Mas Vós vistes como somos tratados. A mula é cuidada melhor de que nós somos. E árvores recebem mais atenção humana; elas dão dinheiro. Somos apenas mós que ganham dinheiro e estamos acostumados até a morrer de labuta excessiva. Mas Vossas palavras foram carícias amorosas. Nosso pão parecia mais abundante e sabia melhor porque Vós dividistes connosco; este pão que ele nem sequer dá aos seus cães. Voltai para compartilhá-lo com a gente, meu Senhor. Só porque sois Vós, eu ouso dizer isto. Seria um insulto oferecer qualquer outro abrigo e alimento que até mesmo um mendigo teria desdenhado. Mas Vós…"

"Mas eu encontro neles um perfume celestial e sabor porque neles há fé e amor. Eu virei, Jonas. Eu irei voltar.

Ficai em vosso lugar, amarrado como um animal nos eixos. Que o seu lugar seja a escada de Jacó. E, de fato, anjos vêm e vão do céu para baixo convosco, juntando cuidadosamente todos os seus méritos e levando-os a Deus. Mas eu chegarei até vós. Para aliviar o seu espírito. Sejam fiéis a Mim, todos vós. Oh! Eu gostaria de dar-lhe também a paz humana. Mas Eu não posso. Devo dizer a vós: vá em sofrimento. E isso é muito triste para quem ama..."

"Senhor, se o Senhor nos ama, nós não mais sofreremos. Antes não tínhamos ninguém para nos amar... Oh! Se eu pudesse, pelo menos, ver Sua Mãe!"

"Não vos preocupeis. Irei trazê-La para vós. Quando o clima ficar mais ameno, chegarei com Ela. Não se arrisque a incorrer em punições cruéis por conta da sua ansiedade para vê-La. Vós deveis esperar por Ela como se esperasse o surgimento de uma estrela, da estrela da noite. Ela vai aparecer para vós, de repente, exatamente como a estrela da noite, que não está lá num momento, e um momento depois, ela brilha no céu. E vós tendes que considerar que, mesmo agora, Ela está a esbanjar os Seus presentes de amor em vós. Adeus, todos. Que a Minha paz vos proteja da aspereza de quem vos atormenta. Adeus, Jonas. Não chore. Você esperou durante tantos anos com uma fé paciente. Agora eu prometo a si um período muito curto de espera. Não choreis; Eu não vou deixá-lo sozinho. Sua bondade enxugou minhas lágrimas quando eu era um bebê recém-nascido. A Minha não é suficiente para limpar a sua?"

"Sim... mas está a ir embora... e eu tenho que ficar aqui..."

"Jonas, meu amigo, não me faça ir embora deprimido porque eu não posso confortar-te..."

"Eu não estou a chorar, meu Senhor... Mas como vou ser capaz de viver sem te ver, agora que eu sei que Vós estais vivo?"
Jesus acaricia o velho abandonado mais uma vez e, em seguida, vai embora. Mas em pé, na beira da eira miserável, Jesus estende os braços e abençoa o país. Então, Ele parte.

"O que você fez, Mestre?" pergunta Simão que notou o gesto incomum.

"Eu coloquei um selo em tudo. Que nenhum demónio possa danificar as coisas e, assim, causar problemas para as pessoas infelizes. Eu não podia fazer mais..."

"Mestre, vamos caminhar um pouco mais rápido. Eu gostaria de dizer uma coisa que eu não quero que os outros ouçam." Eles afastam-se do grupo e Simão começa a falar: "Eu queria dizer-Te que Lázaro tem instruções para usar o meu dinheiro para ajudar todos aqueles que se aplicam a ele em nome de Jesus. Não poderíamos libertar Jonas? Aquele homem está desgastado e sua única alegria é estar Convosco. Vamos dar-lhe isso. Qual é o seu valor de trabalho aqui? Se em vez disso ele fosse livre, ele seria Seu discípulo nesta planície desolada ainda bonita. As pessoas mais ricas de Israel possuem fazendas férteis aqui e exploram-nos com extorsão cruel, exigindo um lucro incrível dos seus trabalhadores. Eu soube isso, durante anos. Você não será capaz de parar aqui por muito tempo, porque a seita dos Fariseus governa o país e eu não acho que isso vá ser alguma vez amigável para Vós. Estes trabalhadores oprimidos e sem esperança são as pessoas mais infelizes em Israel. Vós ouvistes, nem mesmo na Páscoa eles têm paz, nem eles podem orar, enquanto seus senhores graves, com gestos solenes e exposições afetadas, ocupam posições de destaque na frente de todas as pessoas. Pelo menos eles terão a alegria de saber que Vós existes e de ouvir Vossas palavras repetidas a eles por alguém que não vai alterar uma única letra. Se você concorda Mestre, por favor, diga, e Lázaro vai fazer o que é necessário."

"Simão, eu sei porque deitastes todos os teus bens fora. Os pensamentos dos homens são conhecidos por Mim. E eu amei-te, também por causa disso. Ao fazer Jonas feliz, vós fazeis Jesus feliz. Oh! Como atormenta-me ver pessoas boas sofrerem! Minha situação de um homem pobre desprezado pelo mundo aflige-Me só por causa disso. Se Judas ouvisse-me, ele diria: "Mas vós não sois a Palavra de Deus? Dê a ordem e estas pedras tornar-se-ão ouro e pão para os pobres." Ele repetiria a armadilha de Satanás. Estou ansioso para satisfazer a fome das pessoas. Mas não da forma que gostaria Judas. Vós ainda não estais suficientemente maduro para compreender a profundidade do que eu quero dizer. Mas Eu vou dizer: se Deus visse tudo, ele roubaria os Seus amigos. Ele iria privá-los da possibilidade de serem misericordiosos e cumprir o mandamento do amor. Meus amigos devem possuir esta marca de Deus em comum com ele: a misericórdia santa que consiste em atos e palavras. E a infelicidade de outras pessoas dá Meus amigos a oportunidade de praticá-la.
Vós já entendestes o que eu quero dizer?"

"O Seu pensamento é profundo. Vou ponderar as Suas palavras. E eu fico humilde e vejo quanto estreito de mente eu sou e quão grande Deus é, que quer que sejamos dotados com todos os seus atributos para que Ele nos chame Seus filhos. Deus se revela a mim nas suas perfeições múltiplas por todo o raio de luz com o qual você ilumina o meu coração. Dia a dia, como um avanço num lugar desconhecido, o conhecimento da imensa coisa que é a Perfeição que Nos quer chamar de Seus "filhos" avança em mim e eu parecia a subir como uma águia ou a mergulhar como um peixe em duas profundezas infinitas como o céu e o mar, e eu subiria mais e mais e mergulharia cada vez mais fundo, mas eu nunca tocaria no final. Mas o que é, por conseguinte, Deus?"

"Deus é a Perfeição inatingível, Deus é a Beleza perfeita, Deus é o Poder infinito, Deus é a Essência incompreensível, Deus é a Recompensa insuperável, Deus é a Misericórdia indestrutível, Deus é a Sabedoria imensurável, Deus é o Amor que se tornou Deus. Ele é o Amor! Ele é o Amor! Você diz que quanto mais você conhecer Deus na Sua perfeição, mais parece subir e mais profundo mergulha em duas profundidades infinitas de azul... Mas quando entender o que é o amor que se tornou Deus, não vai mais subir ou mergulhar no azul, mas num vórtice em chamas, e será atraído para uma bem-aventurança que vai ser a vida e a morte para si. Você vai possuir Deus, com uma posse perfeita, quando, por sua vontade, tiver sucesso na Sua compreensão e merecendo-Lo. Em seguida, será corrigido na Sua perfeição."

"Ó Senhor..." exala Simão, soterrado.
Eles caminham em silêncio até chegarem à estrada onde Jesus pára para esperar pelos outros.

Quando eles se reagrupam novamente, Levi ajoelha: "Eu deveria estar de saída, Mestre. Mas o Vosso servo pede-Lhe um favor. Leve-me para Sua Mãe. Este homem é um órfão como eu. Não me negue o que Vós dais a ele, para que eu possa ver o rosto de uma mãe..."

"Vinde. O que se pede, em nome de Minha Mãe, eu concedo em nome de Minha Mãe. "

O sol, embora prestes a pôr-se, brilha para baixo até à cúpula verde-cinza das grossas oliveiras carregadas de pequenos frutos bem formados, mas só penetra no emaranhado de ramos de forma suficiente para fornecer alguns minúsculos orifícios de luz, enquanto que na estrada principal, por outro lado, encaixada entre dois bancos, é uma fita deslumbrante de chamas empoeiradas.

Sozinho e caminhando rápido entre as oliveiras, Jesus sorri para Si mesmo... Ele sorri ainda mais feliz quando chega a um precipício... Nazaré... com o seu panorama cintilando no calor do sol escaldante... e Jesus começa a descer e acelera o Seu passo.
Agora, na estrada deserta em silêncio, Ele protege a cabeça com o Seu manto e não mais se importa com o sol, andando tão rápido que o manto sopra ao seu lado e por detrás Dele, de uma forma em que Ele parece estar a voar.

De vez em quando, a voz de uma criança ou de uma mulher de dentro de uma casa ou uma horta atinge Jesus onde Ele vai andando, por entre os pontos obscuros fornecidos por árvores de jardim cujas ramificações se estendem até a estrada. Ele transforma-se numa estrada meio sombreada, onde há mulheres que se reuniram em torno de um bem geral e todas elas saúdam-No, recebem-No em vozes estridentes.

"Paz para todos vós... Mas por favor fiquem em silêncio. Eu quero fazer à minha Mãe uma surpresa."

"Sua cunhada apenas foi embora com um jarro de água fria. Mas ela está a voltar. Eles são deixados sem água. A primavera é seca ou a água é absorvida pela terra seca antes de chegar ao seu jardim. Nós não sabemos. Isso é o que Maria de Alfeu estava a dizer. Lá está ela... ela chega."

Não tendo visto Jesus, no entanto, a mãe de Judas e Tiago, com uma ânfora na cabeça e outra na mão, está a gritar; "Eu serei mais rápido desta forma. Maria está muito triste, porque as suas flores estão a morrer de sede. Elas são as únicas plantadas por José e Jesus e parte-Lhe o coração vê-las a murchar.

"Mas agora que Ela Me vê...", diz Jesus aparecendo por trás do grupo de mulheres.

"Oh! Meu Jesus! Bendito Seja! Vou dizer..."

"Não. Eu vou. Dê-Me as ânforas."

"A porta está meio fechada. Maria está no jardim. Oh! Quão feliz Ela vai ser! Ela estava a falar de Vós também esta manhã. Mas por que razão vir com este calor! Vocês estão todos transpirados! Vós estais sozinha?"

"Não. Com os amigos. Mas eu vim antes para ver a Minha Mãe pela primeiro. E Judas?"

"Ele está em Cafarnaum. Ele vai muitas vezes para lá.", diz Maria. E ela sorri enquanto seca o rosto molhado de Jesus com o seu véu.
Os jarros estão agora prontos, e Jesus toma dois, amarrando um em cada extremidade do cinto que Ele coloca no Seu ombro e, em seguida, leva um terceiro na mão. Então, Ele afasta-se, vira uma esquina, chega a casa, abre a porta, entra na pequena sala que parece escura em comparação com a luz do Sol brilhante lá fora. Lentamente, Ele levanta a cortina para a porta do jardim e Ele observa.
Maria está de pé perto de uma roseira, de costas para a casa, com pena da planta seca. Jesus coloca o jarro no chão e o cobre tilinta contra uma pedra. "Vós estais aqui já, Maria?", diz a Sua Mãe sem se virar.

"Vinde, vinde, olhai essa rosa! E esses pobres lírios. Todos eles irão morrer se não os ajudar. Traga também alguns pequenos bastões para segurar este caule caído."

"Trazer-Lhe-Ei tudo, Mãe."

Maria dispara à sua volta e, por um momento, Ela permanece com os Seus olhos bem abertos, e em seguida, com um grito, Ela corre com os braços estendidos para o seu Filho, que já abriu os braços e está à Sua espera com o sorriso mais amoroso.

"Oh! Meu Filho!"

"Mãe! Querida!"

O abraço é longo e amoroso e Maria está tão feliz que Ela não sente o quão quente é Jesus. Mas depois ela apercebe-Se disso: "Por que, Filho, chegais a esta hora

do dia? Vós estais roxo avermelhado e suando como uma esponja encharcada. Vinde para dentro. Que eu possa secar e refrescar-Vos. Irei trazer-Vos uma túnica fresca e sandálias limpas. Meu Filho! Meu Filho! Porquê prosseguir com este calor! As plantas estão a morrer por causa do calor e Vós, Minha Flor, continua caminhando."

"Era para vir o mais brevemente possível, Mãe."

"Oh! Meu querido! Vós estais com sede? Deveis estar. Irei agora preparar..."

"Sim, estou com sede dos Seus beijos, Mãe. E pelos Seus carinhos. Deixe-Me ficar assim, com a minha cabeça no Seu ombro, como quando Eu era uma pequena criança... Oh! Mãe! Como eu sinto falta de Si!"

"Dizei-Me para vir, Filho, e irei. O que te falta por causa da Minha ausência? O alimento que Gostais? Roupas limpas? Uma cama bem feita? Oh! Minha Alegria, diga-Me o que Vos faltou. Teu servo, Meu Senhor, fará o possível para fornecer.

"Nada mais, do que Vós..."

De mãos dadas, Mãe e Filho vão para a casa. Jesus senta-Se no peito, perto do muro, abraça Maria, que está na frente Dele, descansando a cabeça no Seu coração e beijando-A de vez em quando. Agora, Ele olha para Ela: "Deixe-Me olhar para Vós e para o conteúdo do Meu coração, santa Mãe Minha."

"Vossa túnica primeiro. Não é bom para Vós ficardes tão húmido. Vinde." Jesus obedece. Quando Ele voltar vestindo uma túnica fresca, Eles retomam a sua doce conversa.

"Eu vim com os meus discípulos e amigos, mas deixei-os na madeira de Milca. Eles virão amanhã de madrugada. Eu... eu não podia esperar mais. Minha Mãe!..." E ele beija-Lhe as mãos. " Maria de Alfeu foi embora para Nos deixar em paz. Ela também entendeu quão ansiosa Eu estava para estar Convosco. Amanhã... amanhã Vós assistireis aos meus amigos e a Mim para os Nazarenos. Mas esta noite, vós sois meu amigo e Eu sou Vosso. Trouxe-Vos... Oh! Mãe: Eu encontrei os pastores de Belém. E Eu Vos trouxe dois deles: eles são órfãos e Tu és a Mãe de todos os homens. E mais ainda de órfãos. E eu também vos trouxe aquele que precisa de Vós para se controlar. E outro que é um homem justo e sofreu tanto. E então João... E eu trouxe lembranças de Elias, Isaque, Tobias, agora chamado de Mateus, João e Simeão. Jonas é o mais infeliz de todos eles. Vou levar-Vos a ele... Assim prometi. Vou continuar a olhar pelos outros. Samuel e José estão descansando na paz de Deus."

"Fostes a Belém?"

"Sim, Mãe. Eu levei lá os discípulos que estavam Comigo. E eu trouxe-Vos estas flores pequenas, que foram crescendo perto das pedras do limiar."

"Oh!" Maria toma os caules e beija-os. "E o que dizer de Ana?"

"Ela morreu no massacre de Herodes."

"Oh! Pobre mulher! Ela gostava tanto de Vós!"

"Os de Belém sofreram muito. Mas eles não têm sido justos com os pastores. Mas eles sofreram muito..."

"Mas eles foram bons para Vós, então!"

"Sim. E é por isso que eles são dignos de pena. Satanás está com ciúmes da sua bondade passada e exorta-os a coisas más. Eu também estava em Hebron. Os pastores, perseguidos..."

"Oh! Em que medida?"

"Sim, eles foram ajudados por Zacarias, que lhes deu postos de trabalho e alimento, mesmo que os seus mestres fossem pessoas difíceis. Mas eles são apenas almas e eles viraram as perseguições e feridas em méritos de verdadeira santidade. Reuni-los juntos. Eu curei Isaque... e eu dei o Meu nome para um menino... No Jutá, onde Isaque foi definhando e de onde ele veio de volta à vida, agora existe um grupo inocente, chamado Maria, José e Jesai..."

"Oh! Vosso nome!"

"E o Vosso e o nome do Justo. E em Queriote, a pátria de um discípulo, um Israelita fiel morreu descansando no meu coração. Fora de alegria, tendo encontrado-Me... E depois ... Ah! quantas coisas eu tenho que dizer a Vós, minha amiga perfeita, doce Mãe! Mas antes de tudo, suplico-Vos, peço-Lhe para ter tanta misericórdia sobre aqueles que virão amanhã. Ouça: eles adoram-Me... mas eles não são perfeitos. Vós, mestre de virtude... oh! Mãe, ajuda-Me a fazer-lhes bem... Eu gostaria de salvar todos..." Jesus cai aos pés de Maria. Ela agora aparece na Sua majestade maternal.

"Meu filho! O que quer que sua pobre mãe faça melhor do que Vós fazeis?"

"Para os santificar... Sua virtude santifica. Eu trouxe-os aqui, deliberadamente, Mã ... um dia Eu vou dizer a Vós: "Vinde", porque, então, será urgente santificar as almas, para que eu possa encontrá-los dispostos a ser resgatados. E eu não vou ser capaz por mim mesmo... Seu silêncio será tão eloquente quanto as Minhas palavras. Sua pureza ajudará Meu poder. Sua presença vai manter Satanás longe... e Seu Filho, Mãe, vai-Se sentir mais forte sabendo que está perto Dele. Vireis, não vireis, Minha doce mãe?"

"Jesus! Querido filho! Tenho a sensação de que não Estais feliz... Qual é o problema, Criatura do meu coração? O mundo foi hostil para Vós? Não? É um alívio acreditar nisso... mas... Oh! Sim. Eu irei. Onde quiserdes, como e quando quiserdes. Mesmo agora, neste sol escaldante, ou à noite, no frio ou molhado. Precisais de mim? Aqui estou."

"Não. Não agora. Mas um dia... Como doce é a Nossa casa. E Vossos carinhos! Deixai-Me dormir, assim, com a cabeça sobre os Seus joelhos. Estou tão cansado! Eu ainda Sou seu filho pequeno..." E Jesus realmente adormece, cansado e exausto, sentado no tapete, com a cabeça no colo de Sua Mãe, que alegremente acaricia Seus cabelos.

www.ingramcontent.com/pod-product-compliance
Lightning Source LLC
Chambersburg PA
CBHW070606050426
42450CB00011B/3005